Francisco de Rojas Zorrilla

Los bandos de Verona

Barcelona 2024
Linkgua-ediciones.com

Créditos

Título original: *Los bandos de Verona.*

e-mail: info@linkgua.com

Diseño de cubierta: Michel Mallard.

ISBN tapa dura: 978-84-9953-625-5.
ISBN rústica: 978-84-9816-034-5.
ISBN ebook: 978-84-9897-776-9.

Sumario

Brevísima presentación

La vida

Francisco de Rojas Zorrilla (Toledo, 1607-Madrid, 1648). España.

Hijo de un militar toledano de origen judío, nació el 4 de octubre de 1607. Estudió en Salamanca y luego se trasladó a Madrid, donde vivió el resto de su vida. Fue uno de los poetas más encumbrados de la corte de Felipe IV. Y en 1645 obtuvo, por intervención del rey, el hábito de Santiago.

Empezó a escribir en 1632, junto a Pérez Montalbán y Calderón de la Barca, la tragedia El monstruo de la fortuna. Más tarde colaboró también con Vélez de Guevara, Mira de Amescua y otros autores.

Felipe IV protegió a Rojas y pronto las comedias de éste fueron a palacio; su sátira contra sus colegas fue tan dura al parecer que alguno de los ofendidos o algún matón a sueldo le dio varias cuchilladas que casi lo matan. En 1640, y para el estreno de un nuevo teatro construido con todo lujo, compuso por encargo la comedia *Los bandos de Verona*. El monarca, satisfecho con el dramaturgo, se empeñó en concederle el hábito de Santiago: las primeras informaciones no probaron ni su hidalguía ni su limpieza de sangre, antes bien, la empañaron; pero una segunda investigación que tuvo por escribano a Quevedo, mereció el placer y fue confirmado en el hábito (1643). En 1644, desolado el monarca por la muerte de su esposa Isabel de Borbón y poco más tarde por la de su hijo, ordenó clausurar los teatros, que no se abrirían ya en vida de Rojas Zorrilla, muerto en Madrid el 23 de enero de 1648.

Los bandos

Rojas Zorrilla escribió dramas profanos y religiosos: quince autos sacramentales, dos entremeses y cerca de setenta comedias de costumbres y dramas históricos. En esa época, en que abundaban las obras de teatro y tenían una enorme difusión popular, sus dramas destacaban por su intensidad trágica y sus comedias por su ritmo, sus enredos y su lenguaje sencillo.

Los bandos de Verona es junto a *Monteses y Castelvines*, de Lope de Vega, una de las más célebres versiones de la historia de Romeo y Julieta escrita durante el Siglo de Oro en España.

Personajes

Alejandro Romeo
Andrés Capelete
Antonio Capelete
Carlos Romeo
Conde Paris
Elena Romeo
Esperanza
Guardainfante, gracioso
Julia Capelete
Leonor
Otavio, criado
Soldados

Jornada primera

(Salen Julia, Elena, Esperanza y Leonor.)

Elena — ¿Lloras mi Julia?

Julia — Sí, Elena.

Elena — Templa el llanto a tus enojos.

Julia — Dos nubes hay en mis ojos
que ha congelado una pena.

Elena — Lluevan, pues, y tu dolor
mengüe, si alivio le das.

Julia — Antes cuanto lloro más,
se hace la lluvia mayor.

Elena — ¿Di, cómo?

Julia — Mira la nube
preñada de exhalaciones,
que a penetrar las regiones
del aire diáfano sube.
que si del rayo el calor
le hace derretir la nieve,
de aquello mismo que llueve
va naciendo otro vapor.
Mira un río a su albedrío
que al mar se va a despeñar,
y por sus venas el mar
le vuelve a hacer que sea río.
Iguales hoy los enojos

son del mal que me condena,
una lloro, y otra pena
vuelve a congelar mis ojos.
Despeño el corriente frío
de mis mejillas al mar,
y este mar vuelve a prestar
caudales de plata al río.
¿Pues qué importará en rigor
despeñar corriente igual,
si río logro un caudal,
y nube abrazo un vapor?

Elena — A visitarte he venido
por templarte esos enojos,
y habla mi voz con tus ojos
y aun no me escucha tu oído;
que tienes razón confieso;
di tu mal, y no lo llores:
yo también siento dolores
y no los lloro por eso:
dime tu pena también.

Julia — Declárame tu dolor.

Elena — ¿Tú qué lloras?

Julia — Un amor;
¿tú qué sientes?

Elena — Un desdén.

Julia — Querida soy, y mi vida
de imposibles adolece.

Elena	Mayor mi desdicha crece, pues quiero y no soy querida.
Julia	Mi amante y dueño sabrás que me quiere más que a sí.
Elena	Mi amante me quiere a mí de cumplimiento no más.
Julia	Como a mi amante lograra hoy fuera mi amor dichoso.
Elena	Quisiérame a mí mi esposo, y mas que no le gozara.
Julia	Que no le amas tanto creo.
Elena	Tibio está tu antiguo ardor.
Julia	Esa es tema y no es amor.
Elena	Ése no es más de un deseo.
Julia	Mal le sabes definir.
Elena	Que es imagino en rigor mala urbanidad de amor el querer por conseguir.
Julia	Quien no aspira a merecer no quiere.
Elena	Engañada estás, antes quiere mucho más

la que quiere por querer,
y este amor goce renombre
que estrella ha infundido bella.

Julia — Eso es amar una estrella
y esotro es amar un hombre.

Elena — Con verle está mi pasión
con templanza y sin enojos.

Julia — Eso es halagar los ojos
y enojar el corazón.

Elena — Tú no sientes mi desdén.

Julia — Tú no sabes mi pasión.

Elena — Julia, tú tienes razón.

Julia — Elena, tú dices bien.

Elena — Salga en palabras veloz
a declararse mi agravio.

Julia — Use mi pena del labio,
logre mi queja la voz.

Elena — Decirte mi mal quisiera.

Julia — Oye mi dolor ahora.

Elena — Salte allá fuera, Leonora.

Julia — Esperanza, vete fuera.

(Vanse las criadas.) Ya sabes que esta ciudad
de Verona, en civil guerra
cuatro años ha padecido
la prolija competencia
de dos antiguas familias
que la dan lustre y nobleza.
Montescos y Capeletes,
en cuyas cenizas muertas
de no apagados del odio
y de cubiertos en ella,
por memoria o por reliquia
algunos carbones queman.

Elena

Ya sé todo lo que dices,
y que la amistad estrecha
que en las dos se ha conformado,
aunque en linajes opuestas
nos ha unido tan iguales,
que excepción damos violenta
desta regla de la ira
siendo, del hado a la fuerza,
tú del árbol Capelete,
yo de la rama Montesca.

Julia

Fue el principio destos bandos
una inútil academia
en que justaron un día
el valor y la destreza.
Tu padre Otavio Romeo
(a cuya anciana experiencia
Verona debió más lauros
que Roma triunfos a César)
mantenedor de un torneo,
vibrando en la mano diestra

contra su competidor
asta de pino ligera,
por la visera una astilla
halló la entrada tan cierta
(que a veces hace el acaso
mucho más que la destreza),
que dio la muerte a mi hermano
Luis Capelet, sin que hubiera
quien achacase a su enojo
de aquella muerte una seña;
mas como la sangre es fuego,
sopló el dolor la materia
de la envidia, que fue siempre
una hipócrita pavesa
que está ardiendo como viva
y humeando como muerta;
y todos los Capeletes
cobrar la venganza intentan
en tu noble padre anciano,
que entre valores envuelta
rindió la vida, dejando
póstuma otra vida nueva
que nació de aquella muerte,
porque toda Italia sepa
que las canas de los nobles
(bien que embotadas parezcan)
cobran más seguros filos
si se aguzan en la ofensa.
Tu hermano Alejandro, entonces
la espada indigna soberbia
en venganza de su padre,
con tanta ira, que apenas
logró del primer amago
la satisfacción primera

cuando todos los Montescos
sus parciales, aprovechan
la ira más que el valor,
y con saña torpe y ciega
no perdonan Capelete
que de su espada sangrienta
no sea ejemplo de sí
y escarmiento de otro sea.
Anciano en quien florecieron
canas de cien primaveras,
dio por fruto los corales
que maduraba en sus venas,
tierno infante que en la cuna
se adormeció a la querencia
del arrullo, a su inocente
noble sangre se gorjea:
llegó la saña a los templos,
la voz regiones penetra;
¡vivan los Montescos! dicen
los unos, los otros ¡mueran!
Capelete allí agoniza;
un Montesco allí pelea
con la muerte; el alarido
se escucha, mas no la queja;
cayose aquel edificio,
a titubear otro empieza,
y son puntales del flaco
los que del caído cuelgan.
Da el hijo voces al padre,
la madre al hijo lamenta,
y con ser tan grande el daño
aun es mayor la sospecha.
Llega Alejandro a mi casa,
y tan indignado llega

a dar la muerte a mi padre,
que no hallándole, se venga
en los criados, y entrando
más adentro, no reserva
pintado halcón, que las aves
descubre en ruda floresta;
maniatado bruto, a quien
regaló mano grosera;
temporal ave, que canta
en la infancia de la selva;
y llegando hasta una cuadra
donde mis pestañas negras
iban ensartando el llanto
que se quejaba en mi pena,
quiere darme muerte; y yo,
porque no se compadezca
de mi llanto, doy al rostro
esa blanca usada tela
a quien ocupa el dolor
y le inventó la limpieza.
Con el acero me busca
y con la mano siniestra
quita el Cambray de mis ojos,
y no los ha visto apenas,
cuando dejó en el amago
a la ejecución perpleja.
En fin, si fue piedad suya
o fuese verme tan muerta
que estaba inútil su acero
no estando ociosa mi pena:
o fuese verme rendida,
o fuese porque es nobleza
del rayo no emplear iras
donde faltan resistencias:

o fuese por mi hermosura,
o porque (aunque no la tenga)
no se hacen todos los ojos
a la luz de la belleza:
o fue, qué sé yo por qué,
que siempre en estas materias
aquello que no se sabe
es aquello que más prenda;
apagar hizo aquel odio
que ardiendo en nobles centellas
tuvo en el mismo no arder
aun más pertinaz materia.
Agradezco su valor,
y quedé, decir pudiera,
mucho más que agradecida;
mas quedó en mí la dolencia;
porque habrá alguno que llame
facilidad a la fuerza.
Solicítame después
con cuidado y con fineza;
dile oídos, y él me dijo
aquellas mentiras tiernas,
que, sabiendo que lo son,
no hay mujer que no las crea.
Háblame una y otra noche
por los hierros de una reja;
rogaba, escúchole el ruego;
quejábase, oigo la queja;
finge enojos como airado,
y créolos como necia;
pídeme en mi casa entrada,
cierro a su oído la puerta;
porfía, no lo permito;
háceme aquellas protestas

que hacen todos, y ninguno
cumple, aunque cumplirlas quiera.
Déjole entrar en mi casa,
vase hallando mucho en ella;
díceme que es ya lo más
haber entrado a esta fuerza;
que me rinda a los partidos
de ser mi esposo. Aquí vieras,
ya su ruego, ya su amor,
pelear con mis sospechas.
Creía yo sus palabras
como amante, y al creerlas
solo la desconfianza
de mí me tuvo suspensa.
A mí sola me temía;
que mala hora es aquella
en que una mujer de partes
desconfía de sí mesma.
mi amor ya le has entendido,
ya te dije su asistencia;
yo soy mujer, y él galán;
hubo días, hay finezas.
El trato es parcial de errores,
la noche siempre es tercera;
Y así... pero no eres tú
tan bozal, tan extranjera,
que no entiendes el lenguaje
del amor; calle mi lengua,
y colige mi desdicha
de mi silencio en las señas;
que males deste linaje
no se entienden si se cuentan,
y solo se explican más
si los calla la vergüenza.

Ya por el mar de las dudas
navegaban mis sospechas
por el viento de un suspiro
y un leve Cambray por vela;
cuando halle próspero el cielo,
y a mi Alejandro que intenta
con rendimientos más finos
solicitarme más tierna.
Mas desde entonces me quiere,
y al ver que soy la primera
que quiere a un hombre premiado
por mérito o por estrella,
dije, viéndome al espejo,
que me halaga y lisonjea
mientes cristal, que me finges
en sombras una belleza,
que no fuera yo dichosa
si yo no fuera algo fea;
pero como siempre el mal
es sombra del bien, y es fuerza
que a una dicha que es gran dicha
una desdicha suceda,
mi primo, Andrés Capelete,
casarse conmigo intenta,
y a mi padre o mi enemigo,
con porfías y con quejas
le pide mi mano, y él,
por su sangre y por sus prendas,
parece, aunque no le admite,
que tampoco le desprecia.
Hoy mi padre me ha pedido
que con él case; tú piensa
a cuántos riesgos están
mi vida y mi fama expuestas.

Si a casar con él mi padre
me obliga, si no me fuerza,
mal podré sin honra ser
mujer de quien honra tenga.
Pues si Alejandro, mi dueño,
sabe que hay quien me pretenda
y que yo escucho este amor,
me expongo a que me aborrezca;
que aunque celos vulgarmente
dan a este fuego materia,
también se sabe que hay muchas
excepciones desta regla,
que unos con celos se encienden,
y otros con celos se hielan.
Casarme con Alejandro
no es posible, aunque pudiera,
pues mi padre es su enemigo
o por venganza o por tema:
y que ha de ser tan difícil,
imagina mi dolencia,
que le quiera por esposo
como que yo no le quiera.
De suerte, que un enemigo
sitiando esta fortaleza
a desembocar mis ojos
(foso de mi amor) se acerca.
si al socorro de Alejandro
voy esperando que venga,
¿cómo si le estorban tantas
artificiales trincheras?
Olvidarle no es posible;
casar con otro es violencia;
obedecer a mi padre
no es obedecer mi estrella;

para aguardar que se ajusten
estos bandos no hay paciencia;
convalecer, no es posible;
desesperar, es flaqueza;
olvidar, cruel remedio;
querer, imposible fuerza;
quejarme más, no es valor;
callar más, no es fortaleza;
y así, pues sabes de amor,
como amante me aconseja,
amiga me persuade,
y como hermana me templa,
porque te deba mi fama
y porque mi amor te deba,
ella decentes alivios,
y él maduras experiencias.

Elena — Pues yo te quiero contar
mayor pena.

Julia — No lo creo.
Dila.

(Sale Esperanza.)

Esperanza — Alejandro Homeo
dice que te quiere hablar.

Julia — ¿Es él, o me has engañado?

Esperanza — Por señas que trae consigo
a Carlos, su grande amigo,
que es quien siempre anda a su lado.

Julia ¡Qué querrá, cielos! ¿qué es esto?

Esperanza Dentro, en la antesala está.

Julia Dile que no se entre acá,
que aunque no vendrá tan presto
mi padre, le temo.

Alejandro (Dentro.) Di
que tengo de entrar.

Julia Señor,
advierte que no es amor
no mirar por ti y por mí.

Alejandro (Dentro.) Ahora mi intento sabrás,
mi imposible soberana;
¿estás sola?

Julia Sí, tu hermana
está conmigo no más;
vete, Alejandro, que yo
verte a la noche confío.

Alejandro (Dentro.) ¿No vino un criado mío
a darte un recado?

Julia No.

(Salen Alejandro y Carlos.)

Alejandro Pues a decir mi cuidado
se arroja mi confianza.

Julia | Cierra esa puerta, Esperanza,
presto, y vete, dueño amado.

Alejandro | Pues bien, podéis iros vos.

Carlos | Esperando os quedaré.

Alejandro | Idos, que yo os buscaré.

Carlos | Pues adiós, amigo.

(Vase.)

Alejandro | Adiós.
Julia, yo no vengo a verte,
a tu padre vengo a hablar.

Julia | ¿Qué dices?

Alejandro | Y a remediar
con una voz una muerte.
Pedirte por dueño quiero,
que no tengo por peor
fallecer de su rigor
si de tu esperanza muero.
Que te adoro le diré,
que bien veo (aunque estoy ciego)
que por arriesgar un ruego
no se aventura una fe.
Los bandos que yo encendí
el tiempo los apagó;
días ha que dura el no,
instantes hay para el sí.
A poner remedio acuda

mi fe a esta dificultad,
muera yo de una verdad
si he de morir de la duda.

Julia — Dueño mío, ¿cómo un daño
tan evidente no ves?

Alejandro — Ya de mi dolencia es
medicina el desengaño.

Julia — Mira...

Alejandro — Tu amor no divierta
mi intento, porque es en vano
porfiar.

Elena — Considera, hermano...

(Llaman.)

Esperanza — Llamando están a la puerta.

Julia — ¿Quién puede ser? ¡muerta estoy!
Mira quién es al instante.

Esperanza — ¿Quién llama?

Guardainfante (Dentro.)
Yo.

Esperanza — ¿Es Guardainfante?

Guardainfante (Dentro.)
Abre, Guardainfante soy.

Julia Ábrele.

(Entra Guardainfante, lleno de yeso.)

Guardainfante Sea Dios aquí.

Alejandro ¿Cómo vienes tan manchado?

Guardainfante ¿Aquí estás?

Alejandro ¿Cómo has tardado
tanto en llegar?

Esperanza Habla, di.

Alejandro Un recado que le he dado,
¿cómo a traerle no vino?

Guardainfante ¿No ves tú que en el camino
me han dado a mí mi recado?

Julia Esperanza: cierra ahí,
¡no entre mi padre!

Esperanza Sí haré.

Guardainfante No hará, que yo le dejé
más de diez calles de aquí.

Alejandro Habla.

Esperanza ¿Aun a hablar no se atreve?

Elena ¿Qué sucedió?

Guardainfante ¿Hay tal porfía?

Esperanza ¿Qué es eso? ¿es alojería?

Guardainfante Es el diablo que la lleve.

Julia Ea, Guarda infante, hablad.

Alejandro Habla, nada te acobarde.

Guardainfante Ya sabes tú que ayer tarde
cené mucho.

Alejandro Así es verdad.

Guardainfante Salí de casa a llevar
un recado esta mañana,
y en la calle me dio gana
de volver a descenar.
Y aunque por diez avestruces
tengo el calor natural,
entreme en cierto portal,
y hallele lleno de cruces.
Partí luego diligente
con gran prisa y gran afán
a entrar en otro zaguán,
y hallele lleno de gente.
A otro paso, y éste dejo
con mi pasión natural,
y hallo ocupado el portal
de un zapatero de viejo.
Voy después con ansia fiera

a otro que estaba primero,
y encuentro en él un hormero,
y en otro una soletera.
Voy, la gana decentada,
hacia una obra que vi,
y por la calle que fui
dejé gran obra cortada.
Entré en la obra con mil
ansias, que el descanso cobra,
y viome empezar la obra
cierto peón de albañil:
—¿Qué hace aquí? —me dijo, viendo
la prisa con que acudí;
pero yo le respondí:
—No hago, que estoy deshaciendo.
A un alarife vi ser
quien más me estaba mirando,
y dije, éste está ajustando
qué cascote he menester.
Quíseme escapar por eso:
tarde al remedio acudí,
trajeron el cuezo allí
donde tenían el yeso,
y pusiéronse a la par
a tabicar el postigo;
que no me le cierren, digo,
y el maestro dijo: Alzar.
Un peón como un Roldán,
dijo a esotros: No le deis,
Montescos somos los seis,
y es Montesco este galán.
—Es así —dijo un pobrete
con furia muy temeraria—
pero su parte contraria

bien se ve que es Capelete.
Hicieron luego otra masa
de yeso vivo y cal muerta,
vaciáronme por la puerta,
y fuime a enjuagar a casa.

Alejandro — En fin, mi intento divierto.
¿No hablaré a tu padre?

Julia — No;
dime tú, ¿quién más que yo
sabe de mi padre?

Alejandro — Es cierto;
pues no se aventure todo;
lo que me ordenas haré.

Julia — Esta noche te veré,
y dispondremos el modo
para hablarle con templanza,
y ocasión que hacerlo quiera.

Alejandro — Y será la vez primera
que halle puerto una esperanza.

Julia — Mas cuando me niegue el sí,
mi amor no te olvidará.

Alejandro — Ni el hado permitirá
que yo te aborrezca a ti.

Julia — Mas si te hallase mudado.
más quiero, dueño querido...

Alejandro ¿Qué?

Julia Que hayas aborrecido,
que no que hayas olvidado.

Alejandro ¡Oh qué mal sabes curar
los accidentes de amor!
Dime, Julia, ¿no es peor
aborrecer que olvidar?

Julia Tu falsa opinión por necia
no debe ser admitida,
que el que aborrece, no olvida,
pero el que olvida, desprecia.

Alejandro Aborrecer he creído
que al necio olvidar excede,
que en una memoria puede
hallar remedio un olvido.
Difícil es ver trocado
un odio en amor posible;
y acordarse es imposible
de aquello que se ha olvidado.
Luego si con mi argumento
te pongo por ejemplar
que es tan difícil amar
sobre un aborrecimiento;
y ahora colegirás
con evidencia también,
que es tan fácil querer bien
sobre un olvido no más;
luego va (por no entendida)
toda tu opinión errada,
y es mejor ser olvidada

que no ser aborrecida.

Julia
Sí, pero el que ha aborrecido,
y aborrece, puede ser
que en el mismo aborrecer
se acuerde de que ha querido.
Pero aquel que se olvidó
de las glorias de amor loco,
aun no se acuerda tampoco
del tiempo que aborreció.
Pues más quiero, aunque esté errada
esta mi opinión creída,
ser por odio aborrecida,
que por desprecio olvidada.

Alejandro
Aborrecer he pensado
que es vengarse.

Julia
Es porfiar,
y olvidar es no estimar
aquello que se ha gozado,

Alejandro
Divertido solo está
quien olvida, airado no.

Julia
Por eso el que aborreció
nunca se divertirá.

Alejandro
Falsa es tu razón.

Julia
No es buena
la que sigue tu pasión.

Alejandro
Elena, di tu opinión.

Julia — Di tu parecer, Elena,
habla amiga por tu vida.

Elena — Si responder es forzoso,
el conde Paris, mi esposo
me ha aborrecido, y me olvida.

Alejandro — Pues si antes te ha aborrecido...

Julia — Ahora olvida tu fe.

Alejandro — ¿Cuál sentiste más?

Julia — ¿Cuál fue?

Alejandro — Di la verdad.

Elena — El olvido;
porque más estimo yo
(dado que le halle inconstante)
que hoy se acuerde el que es amante
de que ayer me aborreció,
que no (en mi desprecio) ver,
cuando yo más fina estoy,
que llegue a olvidarme hoy
de que me ha querido ayer.

Julia — Esa opinión acredito.

Alejandro — Esta sigo.

Julia — Errado vas.

Alejandro Escucha.

Julia Porfiado estás.

Guardainfante Con licencia este ejemplillo.
quiere alguna dama bien
a un galán por su dinero,
destos que dan un puchero
(aunque hay pocos que lo den).
y ella, con muy malos modos,
con verle fino y fiel
vino a hacer después con él
lo que hacen todas con todos.
Como era dama del pasto,
bien que a los riesgos del susto,
tenía otro del gusto,
que esto pasa a los del gasto.
Ve el gastador sus errores
(así el que es bobo se llama);
que poner sitio a una dama
no se hace sin gastadores;
vase airado y furibundo,
déjala el tal caballero,
después que ha sido el postrero
que supo lo del segundo.
Mas la dama escarmentada
de ver que el galán perdió,
que ayer con olla se vio
y hoy se mira desollada;
y viendo que obrando van
tantas hambres enemigas,
en casa de sus amigas
anda rondando al galán.
Y sabiendo que va allí

a verlas todos los días,
las pregunta: amigas mías,
¿este hombre no habla de mí?
—Él te llega a aborrecer,
la dicen, sabe sentir,
y ella empieza a discurrir,
este hombre ha de volver.
Y dicen ellas así
cuando en su cónclave están
peor fuera que mi galán
no hablara nada de mí
pues si las damas del pido,
como en mi ejemplo verás,
solicitan mucho más
el odio que no el olvido,
con fingir una pasión
que a ser pasión no se asoma;
¿Porque las damas del toma
no han de seguir su opinión?

Alejandro — No quiero más porfiar.

Julia — De ti me dejo vencer;
¿tú no no me has de aborrecer?

Alejandro — No.

Julia — ¿Tú no me has de olvidar?

Alejandro — A desconfianza pasa
ese recelo, esa pena.

Julia — Esto hace amor.

Alejandro Ven, Elena,
Te iré acompañando a casa.
Adiós, divino arrebol,
en cuyos rayos cegué,
que esta noche te veré.

Julia ¡Oh, muérase presto el Sol!

Elena Y otra vez en tan civiles
cosas no porfiéis los dos.

Alejandro Pues adiós, esposa.

Julia Adiós.

(Llaman a la puerta.)

Esperanza Tu padre.

Guardainfante Los albañiles.

Alejandro Hablarele.

Julia Mira, esposo,
que todo se echa a perder.

Alejandro ¿Yo me tengo de esconder?

Antonio (Dentro.) Abrid aquí.

Julia Ya es forzoso
esconderte.

Alejandro ¿Habrá templanza

en mi fortuna cruel?

Julia — Elena, éntrate con él;
Abre esa puerta, Esperanza.

Elena — ¡Qué torpe estoy!

Alejandro — ¡Estoy muerto!
Quiérome esconder por ti.

(Escóndense Alejandro, Elena y Guardainfante al paño. Salen Antonio y Andrés.)

Andrés — Voz de hombre digo que oí.

Antonio — No puede ser.

Andrés — Esto es cierto.

Antonio — Ya estás, Andrés, importuno.

Andrés — Vedlo, y veréis que es así.

Antonio — Julia, ¿quién ha entrado aquí?

Julia — Aquí no ha entrado ninguno.

Antonio — ¿Veis, sobrino, cómo vos
sois porfiado?

Julia — Puede errar.

Antonio — Pues mi casa he de mirar
por la duda, vive Dios.

Julia — Satisfacerle es en vano
a mi primo o mi enemigo
porque ha de tomar conmigo
el parentesco de hermano.

Andrés — Dices bien.

Julia — Y eso ya pasa
a necedad.

Andrés — Irme quiero.

Antonio — Esperad, porque primero
he de ver toda la casa.

Andrés — Yo creo vuestra verdad.

Julia — El dolor me tiene muda.

Antonio — Yo he de curar una duda
con una experiencia; entrad.

Andrés — No he de entrar.

Antonio — Hoy ha de ver
en mi verdad a su error

Julia — Primero mira, Señor...

Andrés — Yo no intento...

Antonio — Esto ha de ser.

Julia (Aparte.)	(Él entra ahora iay de mí!) Y a Alejandro ha de encontrar.
Andrés	iQue viniese yo a enojar a Julia!
Antonio	¿Quién está aquí?
Andrés	Un hombre halló.
Julia (Aparte.)	(iEstoy perdida!)
Andrés	Entrar a ayudarle intento.
Antonio	Diga quien es al momento, si quiere librar su vida.

(Saca a Guardainfante.)

Guardainfante	Suplico a usted que se espere.
Esperanza	A Guardainfante encontró.
Andrés	Diga quién es o si no...
Guardainfante	Un albañil, ¿qué me quiere?
Antonio	¿Pues qué hay aquí que labrar
Andrés	¿No responde?
Guardainfante	¿Hay tal sobrino?
Antonio	¿Cómo no dice a qué vino?

Guardainfante — Yo he venido a trastejar.

Antonio — Ya que trastejar quisieras,
¿junto a mi cama hay tejado?

Guardainfante — ¿Pues qué cama de hombre honrado
hay que no tenga goteras?

Antonio — Pues dime, ¿quién te llamó
a mi casa?

Guardainfante (Aparte.) — (Él me ha pescado,
¿qué diré?)

Esperanza (Aparte.) — (Él se ha turbado.)
El casero nos le envió
para que el tejado viera.

Antonio — ¿Hale visto?

Esperanza — No le vio.

Andrés — A este aposento ¿a qué entró?

Esperanza — A sacar una escalera.

Guardainfante — Sor sobrino, fondo en yerno,
¿quiéreme usted dejar?

Antonio — ¿En verano trastejar?

Guardainfante — Sí, Señor, para el invierno.

Antonio — Vuelva otra vez, que ahora vino
a muy mal tiempo.

Guardainfante — Eso no.

Andrés — ¿Por qué?

Guardainfante — No trastejo yo
en casa donde hay sobrino.

Andrés — Váyase.

Guardainfante
(Aparte.) — (Ahora me río,
burlados quedan los dos.)
Ah, señor sobrino, adiós.

Andrés — Adiós.

Guardainfante — Servidor, señor tío.

(Vase.)

Antonio — Y vos idos luego, Andrés

Julia — ¡Alentad, sospecha mía!

Antonio — Que ha sido gran demasía
la vuestra.

Andres — Confleso, que es
enojarte yerro mío.

Antonio — Vuestra, Julia, no será.

Julia — Que mi padre no querrá
violentarme el albedrío.

Andrés — ¿No os merezco yo?

Antonio — Eso es.

Julia — ¡Qué ignorante!

Andrés — Bien decís.

Antonio — Calla tú.

Esperanza — El conde Paris
quiere hablarte.

Antonio — Idos, Andrés,
vete Julia

Julia (Aparte.) — (¡Soy de hielo!)
Por no escucharte me iré.

Andrés (Aparte.) — (¡Gran crueldad!)

Julia (Aparte.) — (Cielos, ¿qué haré?)

(Vase Andrés, y Julia se queda al paño; y salen al paño a otra puerta Alejandro, y a otra Elena. Sale el conde.)

Conde — Amigo, guárdeos el cielo.

Antonio — Traed sillas.

Conde
No las pidáis.

Antonio
¿Por qué?

Conde
Porque mi cuidado
no puede estar sosegado.

Antonio
Pues decid, ¿qué me mandáis?

Conde
Que a una discreta venganza
me ayudéis solo quisiera;
vaya esa criada fuera.

Antonio
Vete allá fuera, Esperanza.

Conde
¿Estamos solos?

Antonio
Sí, amigo.

Alejandro (Al paño.)
Salir ahora es forzoso.

Elena (Al paño.)
Veré qué intenta mi esposo.

Alejandro (Al paño.)
Escucharé mi enemigo.

Julia (Al paño.)
Escuchar desde aquí intento;
ojos, el llanto templad.

Antonio
Ea, Conde amigo, hablad.

Conde
Atended.

Antonio
Ya estoy atento.

Conde

Noble Antonio Capelete,
en cuyas canas y acero
debe la Milicia triunfos
y experiencias el consejo;
yo enfermo de dos dolencias,
en dos accidentes peno;
yo tengo odio y tengo amor,
yo quiero bien y no quiero.
Dos extremos hay en mí
sin hallar el medio en ellos
que aunque no se pueden dar
extremos sin que haya medio,
amo con tanta pasión,
con tanta ira aborrezco,
que no veo más en mí,
cuando verme más deseo,
sino a un extremo del odio
y del amor otro extremo.

Antonio

¿Aborrecéis y queréis
a un tiempo a un mismo sujeto?

Conde

No, Antonio; dos son los males,
dos causas hay para ellos,
y tengo para los dos
repartidos dos afectos.

Antonio

¿A quién queréis me decid?

Conde

Quiero deciros primero
a la que aborrezco airado
por gastar este despecho,
y después a la que adoro,

porque si a la voz enseño
a pronunciar los ardores,
que errará las iras temo
con el curso que a la voz
hace el labio lisonjero;
pero no errará después,
si antes por el odio empiezo;
que el que ha de contar que adora,
es bien que diga primero
que ha aborrecido, y no es bien
de odio y de amor en el duelo
que el que cuenta que ha querido
diga que aborrece luego.

Antonio ¿Pues a quién aborrecéis?
Ea, decídmelo presto.

Conde Sí haré, porque tengo gana
de decir a la que quiero.

Antonio Decid.

Conde A Elena, mi esposa,
es a la que yo aborrezco.

Elena ¡Cómo duele el escucharlo
aun mucho más que el saberlo!

Antonio ¿Pues no la adorabais antes?

Conde El que entra a un jardín ameno,
elige la azul violeta
porque la encontró más presto
que a la rosa que esperaba

púrpura y nácar vertiendo;
mas luego que ve a la rosa,
reina del campo, que ha puesto
para guardar su hermosura
las espinas por archeros,
porque la ve más guardada
la procura. (¡Oh vil respeto
de los hombres que nos vamos
a solicitar los riesgos!)
Y porque es inconveniente,
no porque es mejor, queremos
más el desdén de una espina
que de otra flor el requiebro.

Antonio ¿Pues por qué la aborrecéis?

Conde Como Alejandro Romeo
es su hermano, y como es
del árbol noble Montesco
y yo Capelete soy,
con ver que a mi lado tengo
una mujer que me es siempre
embarazo para el lecho,
fatiga para el descanso,
e inquietud para el sosiego,
estoy tan desesperado.

Antonio ¿Por qué?

Conde Porque como al tiempo
que yo me casé con ella
no estaba encendido el fuego
de aquestos bandos que hoy
arde en callados incendios,

es mi sentimiento más,
y ha llegado mi despecho
a tiempo que la he querido
dar la muerte; mas no quiero,
puesto que hoy puedo un ardid,
aprovechar un acero.

Antonio ¿Pues qué intentas?

Conde Escuchad.

Antonio Decid el intento.

Conde Intento
que el juez dé este matrimonio
por nulo.

Antonio Hablad.

Conde Porque al tiempo
que yo casé con Elena,
tan mal me quiso este tiempo,
que viendo que hermano y padre
me hicieron su esposo y dueño,
protestó que la casaban
por fuerza.

Antonio ¿Y hay instrumentos
para probarlo?

Conde Sí, amigo.

Antonio ¿Y ella convendrá en hacerlo?

Conde — No.

Antonio — ¿Pues qué pensáis hacer?

Conde — Desta misma fuerza espero
valerme; si ella quisiera
no ser mi esposa, ¿no es cierto
que el matrimonio se diera
por inválido?

Antonio — Eso entiendo.

Conde — Pues yo me he de aprovechar
de su misma fuerza, puesto
que si ella fue violentada,
fue el matrimonio violento.

Antonio — ¿Y ella os quiere?

Conde — Sí

Antonio — ¿Por qué
vos la aborrecéis?

Conde — Por eso,
que es pensión del que aborrece
ser querido.

Antonio — ¡Oh, cuánto precio
que estas ramas apartadas
del Capelete árbol regio
vuelvan al cuerpo del árbol!

Conde — No quede vivo un Montesco

sin que en pálidas cenizas
espíritus libre el viento.

Antonio

Deraos primero la muerte
a este Alejandro Romeo,
pues sin la cabeza quedan
defectuosos los miembros.

Alejandro

¡Oh traidores!

Julia (Aparte.)

(¡Oh palabras,
que me penetráis el pecho!)

Conde

Pues más falta.

Antonio

¿Qué más falta?

Conde

Que prometáis...

Antonio

No os entiendo.

Conde

Que dado que el matrimonio
de Elena quede deshecho
me daréis...

Antonio

¿A quién?

Conde

A Julia
por esposa.

Alejandro (Aparte.)

(Ahora, cielos,
es ocasión de morir.)

Julia (Aparte.)

(Ahora, ahora un acero.)

Antonio ¿Luego es a quien vos queréis?

Conde Es la luz por quien yo veo.

Antonio Sí; mas si yo os la ofreciere,
y el matrimonio a este tiempo
por defecto de probanza
quede válido...

Conde Yo ofrezco
ser su esposo, viva Julia

Antonio Conde amigo, mucho temo
que no lo podáis cumplir,
que aunque es verdad que yo os creo...

Conde Vuelvo otra vez a deciros
que hay puñales y venenos,
¿que respondéis?

Antonio Que ya es vuestra.

Conde ¿Lo cumpliréis?

Antonio Lo prometo.

Conde Pues vivan los Capeletes.

Antonio Mueran todos los Montescos.

Conde Otra cosa falta ahora.

Antonio ¿Qué es?

Conde — Que habléis a Julia en esto.

Antonio — Pues a ese cuarto, que es mío,
os retirad, porque intento...

Conde — ¿Qué es lo que intentáis, amigo?

Antonio — Que desde él oigáis mi ruego,
que yo al cuarto de mi hija
voy a hablarla.

Conde — Mucho os debo.

Antonio — Pues vivan los Capeletes.

Conde — Mueran todos los Montescos,

Antonio — Y Alejandro.

Julia (Aparte.) — (¡Qué desdicha!)

Antonio — Con mis manos.

Alejandro (Aparte.) — (¿A qué espero?)

Elena (Aparte.) — (Si él ha de entrar yo me arrojo.)

Alejandro (Aparte.) — (Si me ha de hallar, salir quiero.)

Antonio — Ha de morir.

Alejandro (Aparte.) — (¿A qué aguardo?)

Antonio ¿Y mi Julia?

Julia (Aparte.) (¡Qué tormento!)

Conde ¿Será mía?

Alejandro (Aparte.) (¡Hado cruel!)

Antonio ¿Y Elena?

Elena (Aparte.) (¿En qué me suspendo?)

Conde Morirá.

Elena (Aparte.) (¡Grave dolor!)

Antonio ¿No entráis?

Conde Sí, ya os obedezco.

Antonio Pues yo voy a hablar a Julia

Conde Y yo voy a obedeceros.

Antonio Viva Julia.

Conde Muera Elena.

Antonio Muera Alejandro Romeo.

(Salen Alejandro y Elena.)

Alejandro No querrá el cielo traidores.

Elena — Ingrato, no querrá el cielo.

Antonio — ¿Pues cómo tú aquí, Alejandro?

Conde — ¿Tú, Elena, cómo aquí dentro?

Julia (Aparte.) — (¿Ahora qué he de hacer de mí?)

Antonio — ¡Estatua soy!

Julia (Aparte.) — (¡Muerta quedo!)

Antonio — Dentro de mi casa ¿cómo
ahora?

Elena — ¡Mi muerte temo!

Antonio — ¡Profanáis este sagrado!

Alejandro — Respóndeme tú primero
cómo eres traidor, que yo
te daré respuesta luego.

Conde — ¿Tú, cómo estás aquí, Elena?

Elena — Respóndeme tú si es yerro
que te quiera yo, y después
diré cómo entré aquí dentro.

Antonio — Yo busco a la ofensa mía
la venganza como puedo.

Alejandro — Hija es del valor la ira,
pero la traición del miedo.

Conde Tú eres del contrario bando.

Elena También tu aborrecimiento
es contra el bando de amor,
y te adoro a todo riesgo.

Alejandro ¿Pues qué intentas?

Antonio Darte muerte

(Sale Andrés.)

Andrés Y yo a tu lado pretendo
dar venganza a una sospecha.

Conde Amigos, muera Romeo.

Alejandro Para traidores sois pocos.

(Sale Julia.)

Julia Padre y señor, si merezco
que hallen lugar en tus iras
las caricias de mi ruego,
sabe que...
(Aparte.) (Desta manera
remediar procuro un riesgo.)

Antonio ¿Qué decís?

Julia Que es Alejandro
mi amante, mi esposo y dueño,
y que das muerte a tu honor

si le matas.

Antonio — Antes quiero
porque no muera mi honor
darle muerte.

Conde — Pues yo empiezo
ahora a tener más iras.
porque empiezo a tener celos.

Andrés — Pues yo tengo amor también.
luego también yo los tengo.

Antonio — Pues muera.

(Riñen todos contra Alejandro.)

Julia — Detén la espada.

Alejandro — Traidores...

Elena — Ten el acero.

Antonio — No es traidor el que se venga.

Alejandro — Vive el cielo que me huelgo
que seáis tantos.

(Sale Carlos, pónese al lado de Alejandro.)

Carlos — A tu lado
tienes a Carlos Romeo;
tu criado me avisó
tu riesgo, y vine a tu riesgo,

deudos, parciales, amigos
tuyos me vienen siguiendo.

Alejandro ¡Mueran todos!

Julia Ven, Elena

Elena ¿Dónde vas?

Julia Veraslo presto.

Alejandro Pues mueran los Capeletes.

Voces (Dentro.) ¡Mueran!

Todos ¡Mueran los Montescos!

(Éntranse acuchillando y tornan salir el conde, sin espada, Alejandro, Julia y Elena.)

Conde Detén la espada, Alejandro.

Alejandro Muere, traidor.

Conde Yo no creo
que la muerte me has de dar
sin espada.

Alejandro Yo no tengo
lástima del que es traidor,
muere.

(Pónese Elena en medio.)

Elena — Detén el acero,
que es mi esposo.

Julia — Dale muerte,
que es mi enemigo.

Alejandro — Eso apruebo.

Elena — Mira que es el dueño mío.

Julia — Mira que es quien te da celos.

Elena — Que es mi esposo.

Alejandro — No te quiere.

Elena — Qué importa, si yo le quiero.

Julia — Que es quien quiere serlo mío.

Elena — Mira que no puede serlo.

Julia — Mira que es traidor.

Alejandro — Bien dices.

Elena — Que está rendido.

Alejandro — Eso veo.

Julia — No me quieres, si perdonas
a quien me quiere.

Alejandro — ¿A qué espero?

Elena — No soy tu sangre, si matas
al que es mi esposo y mi dueño.

Carlos (Dentro.) — ¡Mueran Capeletes!

Todos — ¡Mueran!

Otros — ¡Viva Alejandro Romeo!

Antonio (Dentro.) — Socorro, Andrés Capelete,
que me dan la muerte.

Julia — Presto,
ve a socorrer a mi padre.

Alejandro — Detente, Carlos Montesco,
no le des la muerte, aguarda.

Julia — Libra a mi padre de un riesgo,
que si aquesta vida es tuya,
ésta es la que yo le debo.

Alejandro — Pues a ti yo te doy muerte
con dejarte con los celos;
a ti te doy una vida,
pues con tu esposo te dejo;
y a mí me añado un blasón,
pues no te doy muerte y puedo.

Julia — Presto, esposo.

Alejandro — Vete, Julia

Julia — Pues a mi casa te vuelvo.

Alejandro — Veré si obligo a tu padre.

Conde — Veré si vengarme puedo.

Elena — La vida me debes, Conde

Conde — Por tu mano no la quiero.

Elena — ¡Muriendo de penas vivo!

(Vase.)

Conde — ¡Muriendo de celos muero!

(Vase.)

Julia — Presto esposo.

Alejandro — Adiós, Señora.

Julia — ¿Cuándo nos veremos?

Alejandro — Luego.

Julia — Déjeme el cielo ser tuya.

Alejandro — Deme esta fortuna el cielo.

Fin de la primera jornada

Jornada segunda

(Salen Alejandro y Guardainfante.)

Alejandro ¿Guardainfante?

Guardainfante Señor mío.

Alejandro ¿Quereisme bien?

Guardainfante ¿Yo?

Alejandro Sí.

Guardainfante No.

Alejandro ¿Por qué? di.

Guardainfante ¿Pues qué criado
quiso bien a su señor?

Alejandro ¿Podré fiarte un secreto?

Guardainfante Un secreto no es ración
adelantada; bien puedes.

Alejandro Sabe que resuelto estoy
de robar a Julia.

Guardainfante ¿Cuándo?

Alejandro Esta noche habrá ocasión.

Guardainfante Si la robas te harás hombre,

que es espadilla de amor.

Alejandro — ¿Me ayudarás?

Guardainfante — Tu criado
de ayuda seré desde hoy.

Alejandro — Tú eres bueno para todo,
y te quiere mi afición
como a hijo.

Guardainfante
(Aparte.) — (¡Los arrumacos
que hace al criado el señor
cuando necesita dél!
Pero no me burlo yo
con un amo potro nuevo;
¡criados! ojo avizor,
que esta noche dan las ancas
y mañana tiran coz.)

Alejandro — Si tú no fueras gallina...

Guardainfante — ¡Qué gentil disparatón!
para un buen cristiano viejo
no hay comodidad mejor.
¿Qué tenemos con que riña
un hombre como un Sansón,
si no le darán por eso
la hija de un aguador?
Ver un valiente, no hablando
palabra de Sol a Sol
que no sea: «Dile un choque»
«gendile como un peón»

«diéronme esta cuchillada»
«hurguele, hermano de Dios,
porque no se le pegase
la cazuela del arroz»
«prendiome ayer un ministro,
Soltáronme por favor»
«¡qué resistencia hice anoche!»
«¡qué bofetada di hoy!»
¿no es mejor, decir, hui?
Cascáronme un bofetón,
y doliome luego, luego,
Mas luego no me dolió;
tiráronme un candelero,
mas quiso Dios que me erró;
y no que a todo valiente
de los de verde pendón,
los trae el diablo a la sombra
y los pone Dios al Sol.

Alejandro Volviendo al caso, ya sabes
que con piedad y valor
di anoche la vida al padre
de Julia.

Guardainfante Harto me pesó.

Alejandro Y que después la pedí
por premio...

Guardainfante Ya lo sé yo,
que a tu Julia le pediste,
y sé, que te la negó:
pero el viejo ya creía
que era tu esposa, y por Dios

que hiciste mal en pedirla.

Alejandro

Digo que tienes razón;
mas tú, Guardainfante amigo
has de dar, si hay ocasión,
este papel a mi Julia.

(Dale un papel.)

Guardainfante

Sí haré; mas dudando estoy,
¿cómo he de poder entrar
a darle, que es un Nerón
el padre Antonio, y el primo
Andrés Capelete dos?

Alejandro

Eso tú lo has de saber.

Guardainfante

Pensarlo quiero por Dios.
que en estas materias suelo
discurrir como un Catón.
Mira, a las diez de la noche,
que es hora en que vacía amor,
suele salir Esperanza
a buscar su posesión,
y podré darle el papel.

Alejandro

Es tarde.

Guardainfante

¿Por qué razón?

Alejandro

Porque en un coche de posta
a esa hora pienso estar yo
más de diez leguas de aquí.

Guardainfante

Y dime, ¿será mejor
atarle con una piedra
y tirarle a un corredor
que caiga al cuarto de Julia?

Alejandro

No es esa buena invención;
porque puede algún criado
dar con él.

Guardainfante

Es que ando yo
procurando que no den
conmigo ¡válgame Dios!
¿Si haré una seña? esto es malo,
que se vendrán a la voz,
y me darán sin hallar.
Topelo.

Alejandro

Di.

Guardainfante

A este rincón
de la iglesia de San Carlos,
¿no ves un grande montón
de tejas?

Alejandro

Pues di, ¿qué tratas?

Guardainfante

Pienso tomar una o dos,
y pues me fingí albañil
y me dijeron que hoy
volviese a trastejar, quiero
volver con esta ocasión,
y desta teja decir
que un millar compré, y que yo
vengo a saber si las tejas

son buenas o malas son.
Y sobre las tejas quiero
fabricar esta invención,
que de las tejas arriba
te he de servir, vive Dios.

Alejandro
El arbitrio es como tuyo.

Guardainfante
A aquel albañil peón,
que es guardateja, le quiero
dar aqueste real de a dos
por un par.

Alejandro
Pues por mi cuenta
puedes poner un doblón.

Guardainfante
Si no puedo decir saca,
¿qué importa que digas pon?

(Vase.)

Alejandro
Noche, enemiga del día,
negra hija de la traición,
tú que borras con las sombras
rayos que el Sol escribió,
pues de cómplice te precias
en los delitos de amor,
ayuda a tu delincuente;
llegue con curso veloz
tu sombra a ser dicha mía
por mejorar mi dolor,
que mis dichas son tan breves
que no más que sombras son.
Baja presto, y yo te ofrezco

por premio deste favor
quitarte la S y clavo
con que mi Julia te erró.
Yo te daré libertad
si me haces tu dueño hoy,
que de Julia eres esclava
si eres esclava del Sol.

(Sale Guardainfante con dos tejas.)

Guardainfante ¿Qué te parecen las tejas,
Alejandro?

Alejandro Buenas son.

Guardainfante Ea, pues, entro con ellas.

Alejandro Oyes, a la iglesia voy
a esperarte.

Guardainfante No hagas tal,
Alejandro.

Alejandro ¿Por qué no?

Guardainfante Porque Antonio Capelete
tiene tribuna y balcón
desde su casa a la iglesia,
y escaleras, que es patrón
de aqueste templo, y ser puede
que salga a hacer oración
porque te lleven los diablos
o porque te lleve Dios.

Alejandro — Pues en esta esquina espero.

Guardainfante — Dame el papel.

Alejandro — Tómalo.

Guardainfante — ¿Bastará darlo a Esperanza,
o a Elena, que se quedó
con ella en su casa anoche?

Alejandro — A cualquiera de las dos
le darás.

Guardainfante — ¿Si su marido
el conde lo sabe?

Alejandro — No,
a entrambas quiero llevarme.

Guardainfante — ¿Di por qué?

Alejandro — Tengo temor
que se venguen en Elena
si la dejo.

Guardainfante — Pues adiós,
que voy a dar tu papel.

Alejandro — Aquí esperándote estoy.

Guardainfante — Aquí voy a trastejar,
mas temo...

Alejandro — Baja la voz

(Vase.)

Guardainfante	Que si este viejo me ve
será mi trastejador
y los dos me han de poner
donde me ponen los dos.
Ahora manos a la obra,
pero pies será mejor
para trastejar. Ya entré
al zaguán, ¡válgame Dios!
¡Qué de valientes hubiera
si no se usara el temor!
por una muy mala parte
trasudando ahora voy,
mas las cosas de mi amo
las he de hacer con calor.

(Entra por una puerta y sale por otra.)

Éntrome a este cuarto bajo,
antesala y su farol
para manchar cuantos pasan;
lleno miro aquel rincón
de repulgos de empanada
y cabos de vela ¡oh!
Huyamos, aquí fue dueña.

(Sale Elena al patio.)

Elena	¿Guardainfante?

Guardainfante	¿Quién pidió
Guardainfante? Alguna niña

enseñan a hablar, que hoy
antes que el mamá y el taita
es el Guardainfante, voy.

Elena — ¡Ha, Guardainfante!

Guardainfante — ¿Quién llama?

Elena — Elena.

Guardainfante — Llego a tu voz;
Toma este papel y voime.

(Dale el papel a Elena.)

Elena — ¿De quién es?

Guardainfante — De mi señor.

Elena — Déjame leerle antes.

Guardainfante — ¿Lees bien, Elena?

Elena — Yo no.

Guardainfante — Pues si tú no lees bien,
yo ando bien, gracias a Dios.

Elena — ¿Es para mí?

Guardainfante — Él lo dirá.

Elena — Aguarda.

Guardainfante Aguardando estoy;
léele aprisa.

Elena Sí haré.
no hay de qué tengas temor,
porque Antonio no está en casa.

Guardainfante ¿Qué importa si yo lo estoy?

Elena (Lee.) «Luego que hayas anochecido, saldrás a la puerta principal de la Iglesia de San Carlos, donde espero; trae contigo a tu amiga; y dado que lo rehúse, puedes venir sola, sin prevención alguna, que yo tengo dos postas y lo necesario para nuestra huida. Dios te guarde.»
Para mí es este papel,
que como Alejandro vio
el riesgo en que está mi vida,
con fineza y con amor,
sabiendo que estoy aquí,
me ha avisado su intención;
a Julia leeré el papel;
dice que vamos las dos
donde ordena; como Julia
quiera salir.

Guardainfante Yo me voy.

Elena ¡Ha, Guardainfante!

Guardainfante ¿Qué dices?

Elena El padre de Julia entró.

Guardainfante No importa, tejas y a él.

Elena Voime.

(Vase.)

Guardainfante Vete; esto es peor,
que el conde Paris con él
ha entrado: en gran riesgo estoy,
porque me conoce el Conde;
ya ha salido mi invención
a teja vana; yo me entro
con un miedo como yo
debajo deste bufete;
ahora yo me zampo, choz.

(Éntrase debajo de un bufete que estará en el tablado, con sobremesa que le cubra todo. Salen el Conde y Antonio.)

Conde En fin, ¿la venís a hablar?

Antonio Con esa resolución.

Conde Alejandro llevó a Elena
anoche, y pues la llevó,
no ha de volver a mi casa.

Antonio Y con mejor ocasión
la podéis dejar.

Conde Sí, amigo.

Antonio Idos a esperarme.

Conde Voy

a este zaguán.

(Vase.)

Antonio
Vive el cielo
que se ha de casar con vos.

Guardainfante
(Aparte.)
(Mi vida está en una cosa,
en solo que me dé tos.)

Antonio
¡Ha, Julia!

Guardainfante
Desde aquí oiré
con comodidad mejor.

(Sale Julia.)

Julia
¿Quién llama? tú eres, Señor.

Antonio
Sí, Julia, yo te llamé.
Cerrar esta puerta quiero.

Julia
¿Mi padre qué me querrá?

Antonio (Aparte.)
(Mi resolución verá.)

Julia (Aparte.)
(¿Qué me acobardo?)

Antonio (Aparte.)
(¿Qué espero?)

Julia (Aparte.)
(Hoy mis penas morirán.)

Antonio
Julia, ¿sois mi hija vos?

Responded.

Guardainfante
(Aparte.) (Su madre y Dios
solamente lo sabrán.)

Julia Señor sí.
(Aparte.) (Mucho me llevo
de un temor y de un cuidado.)

Antonio ¿Debeisme el ser que os he dado?

Julia Y el amor también os debo.

Antonio Pues, Julia, si esto es así.

Julia Decidme lo que queréis.

Antonio ¿Obedecer no debéis
cuando yo os mandare?

Julia Sí.

Antonio (Aparte.) (¡Que un padre llegue a temer
a su hija!)

Julia ¿Qué decís?

Antonio Que con el conde Paris
os caséis.

Julia No puede ser.

Antonio ¿La obediencia dónde está

de vuestro pecho amoroso?

Julia — El Conde es de Elena esposo.

Antonio — El Conde no lo será.

Julia — Si es porque a Elena aborrece,
toma ejemplo en ese error.

Antonio — Es muy discreto.

Julia — Señor,
a mí no me lo parece.

Antonio — ¿Es galán?

Julia — No le he mirado.

Antonio — Es valiente y no cruel.

Julia — ¿Qué me importa a mí si él
no ha de reñir a mi lado?

Antonio — Es de nuestra sangre el Conde,

Julia — Menos por eso me aplaco.

Guardainfante (Aparte.) — (¡Oh hija de aquel bellaco,
qué lindamente responde!)

Antonio — ¿No hay remedio?

Julia — ¿No lo ves?

Antonio — Pues otro medio tomad:
o con el Conde os casad
o con vuestro primo Andrés.

Julia — Doy que por padre o por viejo
dueño busque tu afición,
a mí toca la elección,
a ti no más del consejo.
Justo es que casarme intentes,
soy tu hija, tiénesme amor;
persuádeme, Señor,
mas no es bien que me violentes,
y dale otro plazo ahora
a tu intención no entendida,
que lo que es para una vida
no se elige en sola una hora.

Antonio — Menos ahora me empeño
De cuanto he llegado a oír,
que vos podáis elegir
Estado, pero no dueño.
Vuestro esposo ha de ser uno
de los dos, si, vive Dios;
y así elegid de los dos
a cual queréis.

Julia — A ninguno.

Antonio — Ya os entiendo yo.

Julia — ¡Ay de mí!

Antonio — Mas yo lo remediaré;

¿anoche no os escuché
que a Alejandro amabais?

Julia — Sí;
Mas fue por ver si podía
templar tu temeridad.

Antonio — Ea, decid la verdad,
vuestra sangre es sangre mía,
ya yo sé lo que es amor,
experiencias tengo y años,
logro ya los desengaños,
¿quereisle bien?

Julia — No, Señor.
(Aparte.) (Si hablo, mi muerte recelo.
Bien de su enojo se infiere,
callaré.)

Antonio (Aparte.) — (Si ella le quiere
ha de morir, vive el cielo.)
a casarte con él salgo
si le llegas a querer.

Julia — Señor (por no parecer
que no te obedezco en algo)
ya uno eligió mi deseo,
pues lo mandas.

Antonio — Di, ¿cuál es?
¿El conde Paris o Andrés?

Julia — Es Alejandro Romeo.

Antonio — Traidora, infame, ¿qué es esto?
A Alejandro tú, ¿por qué?

Julia — Perdona, que yo pensé
que me le habías propuesto.

Antonio — Hija inobediente, advierte,
que si en mi cuerda elección
no tomas resolución
te tengo de dar la muerte.

Julia — ¿Que, en fin, tan airado aquí
¡oh padre! te vengo a hallar,
que la muerte me has de dar
si no te obedezco?

Antonio — Sí.

Julia — ¿Que, en fin, violentarme quieres?

Antonio — Que me obedezcas te advierto.

Julia — ¿Tengo de morir?

Antonio — Es cierto.

Julia — ¿No hay remedio?

Antonio — No le esperes.

Julia — Pues al que elige el deseo,
si el Conde ha de ser o Andrés...

Antonio — Acaba, dime cuál es.

Julia — Es Alejandro Romeo.

Antonio — Cómplice la más atroz,
¿cómo a tu labio despeñas?

Julia — ¿Si no entendiste las señas,
qué culpa tiene la voz?

Antonio — Puesto que de mi consejo
y mi obediencia te alejes,
porque de mí no te quejes
segunda elección te dejo.
Y así ahora...

Julia — ¡Estoy mortal!

Antonio — A que elijas te condeno,
o a tu labio este veneno,
o a tu pecho este puñal.

(Saca un vaso con una bebida, y pónele sobre el bufete.)

Julia — Cruel estás.

Antonio — Estoy airado;
que elijas el uno espero.

Julia — Yo, ni veneno ni acero.

Guardainfante (Aparte.) — (Diga eso, y pierdo doblado.)

Antonio — Llegue el tósigo a tu labio

que mi crueldad inventó,
pues estoy bebiendo yo
el veneno de mi agravio.

Julia

Si eres quien se ha de vengar,
la muerte empieza a elegir,
que yo no quiero morir
aunque me quieras matar.

Antonio

Pues vive el cielo, traidora,
que pues en balde porfío,
ya con iras, ya con ruegos,
con amenazas y avisos;
pues son de mi deshonor
tus acciones mis indicios,
pues a un Montesco cobarde
a mi honor has preferido,
que has de morir o al veneno
o al acero; yo fui mismo
quien para matarte tuvo
el veneno prevenido.
En el manjar intentaba
disimularle, y hoy miro
que a un agravio descubierto
sobra un veneno fingido.
Estrénate en ese acero,
traidora.

Julia

Detén los filos
de tu acero y de tu enojo
¡oh indignado padre mío!
Y debate una atención
quien no te debe un alivio.
Señor, si el cielo me deja

obrar con el albedrío,
imita a Dios, y no quieras
hacer lo que Dios no hizo.
La nube arbitria en los vientos,
y el aire diáfano y limpio
se mancha con sombras negras,
flor hay que cierra el capillo
a la noche y a la aurora
sale a lograr el rocío;
hurón de plata el cristal
roza la peña a su arbitrio,
y aunque por frágil arena
brotará al prado florido,
eligieron sus audiencias
la dificultad del risco.
El ave manda en el viento
y aunque él se oponga atrevido,
o le vence con las alas,
o te corta con el pico.
Fiera elige de su especie
la otra fiera; blanco armiño,
Símbolo de la pureza,
o no vive o vive limpio;
la palma cuaja en el prado,
gigante vegetativo,
a la vista del consorte
el embrión amarillo.

Antonio

Julia, de tu atrevimiento
tan airado estoy, que hoy libro
en tu muerte mi venganza;
ya tu deshonor he visto
en las señas de tus ojos,
de tu queja en los indicios.

Tú de un cobarde Montesco
el amor has preferido
a una fama y a un honor
que dura igual con los siglos,
y pues ya ninguno puede
de los que te han pedido
ser tu dueño, que no es bien,
cuando sin honor te miro,
poner mi fama en un riesgo,
y tu vida en un peligro;
y así hoy te libro de aquel,
pero deste no te libro.
Deste acero a este veneno
no dispensa mi castigo,
padre soy, juez quiero ser,
tú confiesas tu delito:
padre, yo te perdonara,
como juez, no lo permito;
Y así...

(Dale el veneno.)

Julia — Ya tienes remedio.

Antonio — ¿Qué remedio has elegido?

Julia — Si es delito que yo quiera
a Alejandro, a quien estimo,
dame por esposo y dueño
a Alejandro, a quien te pido,
y el delito de quererle
no viene a quedar delito.

Antonio — Y aun porque lo quieres tú,

te quiero dar el castigo.

Julia	Siendo mi esposo, no corre
tu fama y honor peligro.

Antonio	Bien dices, si yo olvidara
mi odio con tu cariño.
La culpa de tu elección
castigaré.

Julia	Padre mío,
¿los astros no influyen todos?

Antonio	Todos influyen precisos.

Julia	¿Pues qué culpa tengo yo
de lo que un astro ha influido?

Antonio	Mi honra es antes que una estrella.

Julia	Remedio hay en el peligro,
yo soy mía.

Antonio	Dices bien,
pero tu honor solo es mío.

Julia	Albedrío para amar
me ha dado el cielo benigno.

Antonio	Y para darte la muerte
también me ha dado albedrío.

Julia	Pues, Señor, si estas palabras
que por los ojos destilo,

si estas lágrimas cuajadas
que pronunciar solicito,
no bastaren a embotar
de ira y pasión tus dos filos,
muera yo, pues tú lo quieres,
no al filo de tu cuchillo,
de sangre por las heridas
de mi amor corriente Nilo,
muera yo deste veneno
dilatado en parasismos:
un hondo desmayo aliente,
desmaye un aliento mismo.
Tu cuchillo no se diga
que me mató, que hoy miro
por ti, porque no se cuente
que hubo padre tan impío
que quiso matar su hija
solamente porque quiso.
Y ahora de mi obediencia
y de tu crueldad testigo,
será el cielo, Luna hermosa,
ejemplo de cielo mismo.
Llena estuvo mi fortuna,
hoy menguará, ya le imito
astro, que amor me influiste,
mi rey eres, ya te sirvo
y pues ni vale mi ruego
ni mi razón ha valido,
y con lágrimas que arrojo
con quejas que desperdicio,
ni te muevo como a anciano
ni como a padre te obligo;
por dejar a las edades
un ejemplo, quede escrito

en los mármoles y bronces,
hojas del futuro siglo,
que Julia por Alejandro
muere así.

(Bébese la bebida.)

Antonio — Tente ¿has bebido
el veneno?

Julia — Por mis venas
discurre mortal y frío.

Antonio — ¿Todo el tósigo bebiste?

Julia — Todo el tósigo he bebido.

Antonio — Quise amenazarte solo,
y mi desdicha no quiso...

Julia — ¿Luego no ha sido tu intento
matarme?

Antonio — El intento mío
fue amenazarte no más,
hija.

Julia — Tarde arrepentidos
han llegado tus acentos
a la región de mi oído,
¡padre!

Antonio — ¡Qué dolor!

Julia ¡Qué pena!

Antonio Habla, hija.

Julia En balde porfío
a pronunciar mi dolor,
si no es que hablen mis suspiros.
Alejandro, esposo, Julia,
el Conde, Andrés, mi enemigo,
mi padre, Elena, mi amor;
Alejandro...

Antonio ¡Ay dolor mío!

Julia Veneno, puñal, acero,
venganza, fuerza, delito,
dolor, crueldad, rabia, engaño,
corazón, muerte, martirio.

(Cae en el suelo.)

Antonio ¿Para qué, piadosos cielos,
si nunca os hallo propicios,
lograr pretendéis airados
el nombre de compasivos?
Para ahora se hizo el llanto,
pues a un mismo tiempo miro
a mi hermosa Julia muerta
y mi noble honor perdido.
Quise darla aquel veneno
y a arrepentirme porfío;
amenácela con él,
y ella se tomó el castigo.
Pero si es tan grande el mal

que no tiene el mal alivio,
algún remedio se busque.
¿Ha, conde Paris?

(Sale el Conde.)

Conde		Amigo.

Antonio		Cerrad la puerta.

Conde		Ya cierro.
a mis ojos martirizo
viendo desmayado el Sol.

Antonio		¡Oh, pluguiera al cielo impío,
que fuera desmayo!

Conde		Antonio,
¿qué me decís?

Antonio		Lo que os digo
es, que a Julia di la muerte
por vos.

Conde		Acabad, decidlo.

Antonio		Un veneno...

Conde		¡Qué dolor!

Antonio		En su pecho...

Conde		¡Padre impío!

Antonio — Violento... pero no es tiempo
de morir a los delirios
de mi voz, solo por vos
le dí la muerte atrevido.
Y así por esta tribuna,
que me ayudéis solicito
a bajarla hasta la iglesia,
y con sus mismos vestidos
que no se amortaja el Sol
cuando muere en los abismos,
sin que ninguno lo sepa,
puesto que ya ha sucedido,
en una bóveda mía
darla sepultura elijo.

Conde — ¿Pues qué inconveniente hay
para ese intento?

Antonio — Colijo
que si Alejandro Romeo
viene a saber que yo he sido
quien le dio la muerte airada,
intente con sus amigos,
por ser más que son los nuestros,
como airado y como fino,
vengar de Julia la muerte.

Conde — ¡Qué de yerros han nacido
de un error!

Antonio — Quiérelo el cielo.

Conde — Vuestra ignorancia lo quiso.

Antonio Quise que con vos casase.

Conde ¿No hallasteis otro camino
para ello?

Antonio Luego os diré
el suceso.

Conde ¡Muerto vivo!
¡Ay mal lograda hermosura!

Antonio Quede en tanto aquí escondido
que a abrir la bóveda bajo.

Conde Voy con vos.

Antonio Abrid amigo,
¡no aplaque mi llanto el cielo!

Conde ¡No me dé el dolor alivio!

(Vanse y llévanla desmayada y sale Guardainfante de bajo del bufete.)

Guardainfante El que inventó sobremesa
fue hombre próvido y, limpio,
¡ay! también pienso que el viejo
la ha hecho cerrada conmigo;
mas la llave está en la puerta,
ahora yo me determino
a suplicarla se deje
torcer del brazo un poquito.
La cerraja ha andado fácil,
abriome, y yo he presumido
que la untara con veneno

si el viejo la hubiera visto.
Ahora pongo pies en calle,
que es en polvorosa; digo,
que todo lo que no es
no querer bien, es mal vicio.
¿Adonde estará mi amo?
En esta esquina imagino
que me espera, yo le llamo.
Ah, Señor.

(Sale Alejandro.)

Alejandro
Seas bien venido,
¿diste el papel?

Guardainfante
Ya lo he dado
a Elena.

Alejandro
¿Y Julia le ha visto?

Guardainfante
No, Señor.

Alejandro
Dime, ¿por qué?

Guardainfante
Hay grandes cosas.

Alejandro
¿Qué ha habido?

Guardainfante
Quísola el padre casar
con el Conde, ella no quiso;
propuso a Andrés, dijo pares,
pues pares a los dos hizo;
propúsote a ti; más viendo
que eran tres los elegidos,

dijo a esta pregunta, nones;
apretola el viejecillo,
diola otra vuelta, y como ella
tenía amor, y diz que es niño,
sufrir no pudo el tormento,
y confesó su delito.
Sentenciola el padre a muerte,
rogola con mil cariños,
ella dijo, tijeretas,
y él la respondió, cuchillos.
Enmedicose a esto el padre;
sangrarla primero quiso;
más diola una purga luego,
con que vino a hacer lo mismo.
Púsose para tomarla
antojos de haberte visto
con que se vino a quedar...

Alejandro — ¿Cómo?

Guardainfante — Como un pajarito.

Alejandro — Mientes.

Guardainfante — No es mucho que mienta,
pues que también miente el vino,
que le venden por arrobas
y nos le dan por cuartillos.

Alejandro — ¿Pues cómo si Julia es muerta,
yo, que lo escucho, estoy vivo?
¿Cómo si ella les dio luz,
están estos astros fijos?
No puede ser; ven acá,

¿tú lo has visto?

Guardainfante

Yo lo he visto
por señas, que ahora la bajan
el padre y el Conde mismo,
vestida como murió,
a la bóveda, que ha sido
casa de aposento de
todos sus antecocidos.

Alejandro

No es muerta.

Guardainfante

¿Por qué, Señor?

Alejandro

Si a dos instrumentos miro,
que igualmente estén templados,
y diestra mano ha querido
tocar uno, suena luego
el otro que está distinto.
Si estrella hermosa de Venus
sale a dar rayos divinos,
la de Júpiter a un tiempo
luce con iguales visos;
que de las dos el amor
es tanto, tanto el cariño,
que a un mismo tiempo fallecen
y a un mismo tiempo han lucido.
Yo soy instrumento, que hoy
templado como al principio
me hallo; si aquel instrumento,
que está templado a mi arbitrio,
por las dos cuerdas que ajusta
del corazón el sonido
se destemplara, también

faltara el orden del mío.
Julia es estrella de Venus,
y si del alba al aviso
o apagara o escondiera
los rayos con que ha lucido,
yo, que de Júpiter soy
astro que su luz imito,
cedería mi luz constante;
¿murió? Pues ¿cómo respiro?
¿Destemplóse el instrumento?
¿Cómo éste suena preciso?
Luego, pues arde la estrella,
luce aquel astro divino.
¿Suena este instrumento? Luego
templado está el otro y fijo;
que ni ella vivir pudiera
si yo hubiera fallecido;
ni yo, si Julia muriera
durara un instante vivo.

Guardainfante ¿Pues qué es lo que hacer intentas?

Alejandro Escucha el más peregrino
intento, y que pensar pudo
el valor.

Guardainfante Acaba, dilo.

Alejandro Pues yo a la iglesia he de entrar
a verla solo contigo,
y he de ver si muerta está.

Guardainfante Primero me diste un pisto
con decir he de entrar solo,

y se me asentó él contigo
sobre la boca del miedo.

Alejandro — Pues prueba.

Guardainfante — Ya estoy ahíto.

Alejandro — Si tú me ayudas ahora,
verla esta noche imagino;
pero si muerta la hallare,
como león al bramido
dar la vida con mi voz
tiernamente solicito.
Siguiente: ¿en qué estás suspenso?

Guardainfante — Señor, si soy con los vivos
gallina, ¿qué haré con los muertos
si no más o ser lo mismo?

Alejandro — Julia, a morir en tus brazos
tu Alejandro va rendido,
y tú has de ver con mi muerte
el más noble sacrificio.

Guardainfante — Señor, no veo bien de noche.

Alejandro — Ven conmigo.

Guardainfante — Ya te sigo.

(Vanse. Salen Andrés y Otavio, criado.)

Andrés — Dime Otavio...

Otavio ¿Señor?

Andrés ¿No has entendido
que esté el coche de posta prevenido?

Otavio ¿A la puerta del templo y a estas horas?

Andrés Pues mi intención ignoras,
decirte quiero todo mi cuidado:
ya sabes tú que anoche hallé encerrado
a Alejandro con Julia en su aposento.

Otavio Sé tu amor, sé también tu sentimiento
y sé lo que a tu dicha se promete:
sé que tu tío Antonio Capelete
tan mal a su palabra corresponde
que a Julia hermosa quiso dar el Conde
y habiéndotela dado a ti primero;
mas di, ¿qué intentas?

Andrés La venganza espero
más nueva, aun con razón escarmentado,
que el amor y el ardid han inventado.
Como te dije, a dar la queja llego
a Antonio Capelete, airado y ciego;
díjele que en su casa hallaba entrada
Alejandro; dijo él que una criada
le escondió sin que Julia lo supiera,
y que intentaba dar la muerte fiera
a Esperanza, sin que esto se supiese.
Dijo que yo conficionar hiciese
un veneno tan fuerte
que no le diese plazos a la muerte
para que esta criada muera luego;

su intento apruebo, y como amante ciego,
considerando lo que ser pudiera,
comencé a discurrir desta manera;
Julia, sin duda debe de ser culpada
porque para matar a una criada
no hicieran sus pasiones
tan prudentes secretas prevenciones;
y este delito (que su ira advierte),
pide, menos castigo que una muerte.
Pues el rigor en sí es rigor ajeno
¿luego fue para Julia este veneno?
Demás (me dije a mí la ira templada)
¿qué importa que no muera una criada?
Y si llevo el veneno penetrante
aventuro la vida de mi amante;
pues aunque Julia hermosa no me quiera,
muera de celos yo, Julia no muera.
A un extranjero llamo, amigo mío,
De cuyas esperanzas me confío;
oye cuanto mi industria le propone,
y le ordeno después que conficione
tan unidos un opio y un beleño
que no den muerte pero infundan sueño.
El opio llevo a Antonio, y él airado,
que a Julia se le dio me ha asegurado.
Leonora, otra criada, y mi tercera,
dice que en esta bóveda primera
él y el Conde vestida la dejaron,
y pues los dos a un tiempo me engañaron,
entrar en este templo es mi deseo,
donde hallar viva mi esperanza creo;
y pues la noche oscura
se ha vestido el color de mi ventura,
y pues de aqueste templo tengo llave

(ya que mi amor tales industrias sabe),
que del cuarto de Antonio la he traído
(que es patrón deste templo) y yo he podido
hurtarla diligente,
desde donde pendiente
fuese blasón de la pasada historia,
la colgaba el olvido por memoria.
El vengarme ahora elijo por preciso
de Julia hermosa, porque no me quiso;
robarela, y llevándomela a España,
de un padre que me engaña,
de Alejandro y del Conde, mi enemigo,
tomaré la venganza y el castigo.

Otavio A prevenir las postas voy primero.

Andrés Vete, Otavio, delante.

Otavio Allá te espero.
¡Qué bien así tu dicha se concierta!
Quédate adiós.

(Vase. Saca Andrés una llave y prueba a abrir. Salen Alejandro y Guardainfante.)

Andrés Yo pruebo a abrir la puerta.

Guardainfante ¿Adónde vas, Señor? Dime en qué has dado,
si el sacristán la llave te ha negado,
y tu puerta deseada
tanto como la noche está cerrada?
¿Dónde las plantas mueves tan veloces?

Alejandro Desde este cimenterio daré voces
a mi Julia.

Guardainfante — Señor, habla más quedo.

Andrés — Entró la llave, pero abrir no puedo,
si acaso por de dentro está cerrado...

Guardainfante — Junto a la puerta un hombre está parado.
Escóndete y espera.

(Salen Antonio y el conde con luz por el otro cabo.)

Antonio — Muera Alejandro, amigo.

Conde — Muera, muera.

Antonio — Junto a esta esquina dice que parado
esta noche le ha visto mi criado.

Andrés — Mucha gente con luces ha venido
y yo sacar la llave no he podido.

Antonio — Un bulto veo.

Conde — Llégate.

Andrés — Aquí espero,
que han de reconocerme considero;
déjola, que volver luego imagino.

(Deja la llave puesta Andrés en la cerradura.)

Antonio — ¿Quién va?

Andrés — Andrés Capelete.

Antonio
Pues, sobrino,
¿qué hacéis aquí?

Andrés
Un grande amigo espero,
que me ha dejado aquí.

Antonio
Esto es primero;
venid conmigo.

Andrés
Estoy aquí ocupado.

Antonio
Seguidme, pues sois parte en mi cuidado.

Andrés
Un amigo a quien debo honor y fama
necesita de mí.

Antonio
También os llama
a empeño más honroso
quien es más que un amigo.

Andrés (Aparte.)
(Ya es forzoso
irme con él; si resistirme intento
quizá conocerá mi pensamiento.)

Antonio
¿No venís?

Andrés (Aparte.)
(¡Oh dolor que en mí no cabe!)
En la cerraja me dejé la llave,
y perder temo esta ocasión, supuesto
que no sé si podré venir tan presto.

Antonio
¿Qué esperáis?

Andrés Voy con vos: ¿a dónde vamos?

Conde A Alejandro buscamos.

Antonio La justa muerte espere.

Andrés Volveré lo más presto que pudiere.

Antonio Sígueme.

Andrés Voy contigo.

Antonio ¡Oh venganza!

Conde ¡Oh dolor!

Andrés ¡Oh hado enemigo!
Vamos, Antonio

Antonio Mi valor te espera.

Andrés ¿A dónde vas?

Antonio A que Alejandro muera.

(Vanse.)

Alejandro ¿Fuéronse?

Guardainfante Sí, ya se fueron.

Alejandro Pues lleguemos a la puerta
a ver si acaso... ¿Qué es esto?
En la cerradura puesta

está una llave.

Guardainfante — Es verdad,
y es la llave de la iglesia.

Alejandro — ¿Quién la habrá dejado aquí?

Guardainfante — No sé.

Alejandro — Guardainfante prueba
a torcer la llave ahora.

Guardainfante — Señor, no puedo torcerla

(Tuerce la llave.)

que está echa un Faraón.

Alejandro — Toma esta llave y con ella
podrás con facilidad
abrir.

(Dale otra y métele por el ojo de la cerradura y abre.)

Guardainfante — Eso es mejor, venga.

Alejandro — ¿Abriose la puerta?

Guardainfante — Sí.

Alejandro — Pues entremos a la iglesia.

Guardainfante — Oyes, éntrate tú solo,
que yo te aguardo acá afuera.

Alejandro ¿Y quién ha de alzar la losa
si no puedo solo?

Guardainfante Prueba
hasta ver si alzarla puedes;
y como fuerza no tengas,
aquí estoy yo, ven por mí
que iré a ayudarte por fuerza.
¿Quién pondría aquí aquesta llave?

Alejandro Deja el miedo, acaba.

Guardainfante Entra
tú delante, ya te sigo.

(Van entrando.)

¿Sabes el Requiem æternam?

Alejandro Sí.

Guardainfante ¿Y el memento meí Deus?
¿Cerraré la puerta?

Alejandro Cierra;
y esa vela que compraste
a aquella lámpara llega,
y enciéndela, Guardainfante.

Guardainfante ¡Que quieras con una vela
de aqueste sebo maldito
vaya a alumbrar una muerta!

Alejandro — De cera amarilla habías,
ignorante, de traerla.

Guardainfante — ¿Oyes? Busca tú el pabilo,
que no te faltará cera.

Alejandro — ¿Entiendes?

Guardainfante — Ya voy, Señor.

(Va a encender.)

Alejandro — ¡Ay mi Julia! ¡Quién pudiera
darte una vida! Mas ya
un alma en decente ofrenda
a sacrificarte vengo.

(Sale con luz.)

Guardainfante — Deo gratias.

Alejandro — Amigo, llega,
y la bóveda busquemos.

(Lee en el suelo.)

Guardainfante — «Aquí yace (dice en esta)
Bartolomé de la Escala,
Señor de Verona.»

Alejandro — Deja
esa y pasemos a otra.

Guardainfante — Lleve el demonio la muerta.

«Aquí reposa el muy noble
Luis Capelete», topela.

Alejandro

Pues tira de la sortija:
como está recién abierta
es muy fácil levantarla.

(Abre la bóveda.)

Guardainfante

Ya abrí; tomo mi caldera
y mi hisopo: Señor, tú
allá te lo hayas con ella:
escalera hay puesta, baja.

Alejandro

Guardainfante, aquí me espera.

Guardainfante

Señor, ¿tú no eres Montesco?

Alejandro

Sí lo soy.

Guardainfante

Pues considera
que de airados Capeletes
está la bóveda llena;
y si bajas solo te han
de poner que sea vergüenza.
Yo he de bajar a tu lado.

Alejandro

¿Posible es que miedo tengas?

(Véela Alejandro.)

Guardainfante

El miedo me tiene a mí;
Señor, ¿a escuras me dejas?
Dios me perdone, esto es hecho,

en fin, morí (Dios me tenga
en su gloria); sí yo soy
el que hablo; mas si yo fuera,
ya me hubiera puesto yo
de dos trancos a la puerta.

Alejandro ¡Ha, Guardainfante!

Guardainfante ¿Qué quieres?

Alejandro Baja.

Guardainfante ¿Quieres tú que quepa
un Guardainfante tan ancho
por entrada tan estrecha?

Alejandro Pues ayúdame a subir
a mi Julia.

Guardainfante Enhorabuena.

Alejandro Toma la luz.

Guardainfante Ya la tomo.

Alejandro Guardainfante vaya.

Guardainfante Venga.

(Súbenla entre los dos desmayada.)

¡Qué pesados son los muertos!
Por eso solo pudiera
no morirse una persona;

Señor mío, sube apriesa,
que está la muerte muy junto
y pienso que se me pega.

Alejandro

De aqueste confesionario
quito esta silla, y en ella
la puedes sentar.

Guardainfante

Bien dices.

(Siéntala.)

Alejandro

Cierra la bóveda.

Guardainfante

Ea.

(Cierra.)

Alejandro

Julia, mi prolija suerte
tu ruina infelice llora,
que no quiere quien no adora
hasta después de la muerte;
muerta imaginaba verte;
pero tu hermosura es tal,
que en ti me da ejemplo igual
la exhalación que corrió,
que de la luz que logró
dejó impresa la señal.
El Sol hermoso murió
en agua salada y fría,
pues aún no ha aspirado el día,
aunque planeta espiró;
un crepúsculo dejó,
aunque no de luz tan pura,

igual ejemplo asegura
verte a ti Sol eclipsado,
que en crepúsculo has dejado
el día de tu hermosura.
Pavesa hermosa, que admiro
no arder y no fallecer:
¡oh quién pudiera volver
a esconderte de un suspiro!
Mas si amor es fuego y miro
que el fuego no aprovechó
con ser fuego ardiente yo,
¿cómo he de poder violento
darte llama con el viento
si el fuego no te la dio?
Yo vi escrita tu luz pura,
borró la muerte indignada,
¿qué importa que estés borrada,
si se lee tu hermosura?
Dime, aquesta enigma oscura
por lauro tuyo o por palma,
di (de mis sentidos calma),
¿cómo están con perfección,
con un alma cada acción,
si todas están sin alma?
O es que lo hace mi pasión
que imposibles fingirá,
(Tiéntala el pecho.) o con las alas está
latiendo tu corazón;
¿sueño? Si no es ilusión,
porque el tacto no ha mentido,
que tu corazón ha sido
como reloj concertado,
que después de haber sonado
se queda con el ruido.

Guardainfante
Locos he visto, y ninguno
he visto con esta tema;
Señor, solo hay un remedio
para que viva la veas.

Alejandro
¿Qué es?

Guardainfante
Que yo la resucite.

Alejandro
¡Vive Dios!

Guardainfante
Yo hablo de veras;
mira, yo estoy hecho un santo
desde que ha que entré en la Iglesia,
y ver quiero si hacer puedo
este milagro con ella.

Alejandro
¿Qué intentas?

Guardainfante
Resucitarla.

Alejandro
¡Qué así mi dolor diviertas!

Guardainfante
Cuando no te la dé viva,
no te la daré más muerta.

Alejandro
¿Qué has de decirla?

Guardainfante
Oye atento
¡Ha, señora Julicita!

Alejandro
Habla quedo.

Guardainfante — Aun plegue a Dios
que me oiga desta manera.
Hisopo, por la virtud
que Dios te ha dado...

(Échala agua.)

Alejandro — ¡Hay tal bestia!

Guardainfante — Que resucites a Julia.
Señora, un coche te espera
(mujer que no vuelve a coche,
no hayas miedo tú que vuelva).
¿Ves que no la resucito?
Pues por Dios que es la postrera
que yo no he resucitado.
Desta va.

Alejandro — ¡Hay tema más necia!

Guardainfante — ¡Ha, Julia! ¡Ha, Julia!

(Dale en la cara con el agua del hisopo, y vuelve en sí.)

Julia — ¿Quién llama?

Alejandro — ¡Qué miro!

Guardainfante — Hémosla hecho buena

Julia — ¡Ah, Alejandro!

Alejandro — ¡Ah, Julia mía!

Julia — ¡Mi esposo!

Alejandro — ¡Mi dulce prenda!
¡Qué! ¿estás viva?

Julia — ¿No lo ves?
¡Guardainfante!

Guardainfante — Guardafuera:
Julia, yo te mando misas.

Julia — ¿Cómo aquí desta manera?

Alejandro — ¿Dónde he de estar sino aquí?

Julia — ¿Cómo estaba yo en la iglesia?

Alejandro — Eso después lo sabrás.

Julia — ¡Feliz suerte!

Alejandro — Y la primera.

Guardainfante — Digo que tienen los hombres
dos mil virtudes secretas.
¡Válgame Dios! ¿Si soy santo,
y no pensé que lo era?

Alejandro — Tu puedes irte delante
para que el coche prevengas.

Guardainfante — Pues yo voy, quedad con Dios.

(Vase.)

Alejandro ¡Grande amor!

Julia ¡Feliz estrella!
Por tuya mi vida estimo.

Alejandro Esposa, tiempo nos queda;
vente conmigo y los dos
entre la oscura tiniebla
iremos hasta la puente
donde el coche nos espera.

Julia Ya sé cómo se hallan glorias.

Alejandro ¿Cómo?

Julia Buscando las penas.

(Vanse. Sale Elena con capa y sombrero.)

Elena Aquí me dice el papel
que le he de hallar, y así es fuerza
(pues que la noche me ampara)
no apartarme de la iglesia.

(Arrímase a la iglesia. Sale Andrés.)

Andrés A Antonio dejé en su casa,
y vengo a ver si pudiera
entrar, pues en el postigo
me dejé la llave puesta.
Llegar quiero.

Elena Un hombre miro.

Andrés — Un hombre junto a la puerta
he visto... mas ¿qué recelo?
Llégome, quien fuere sea.

Elena (Aparte.) — (Sin duda que es Alejandro.)

Andrés — O miente la noche negra,
o del templo sale gente.

(Sale Alejandro y Julia asida de su capa.)

Elena (Aparte.) — (Gente sale de la iglesia.)

Alejandro — Asete de mí, Señora.

Elena (Aparte.) — (La voz de mi hermano es ésta,
voy con él, que me habrá visto.)

Alejandro — ¿Síguesme?

Julia — Sí.

Alejandro — No te pierdas.

Julia — Tropecé ¡valgame el cielo!

(Tropieza Julia, suelta la capa de Alejandro, a este tiempo Elena ásese de Alejandro, atraviésase Andrés y ásese Julia de Andrés, pensando que es Alejandro.)

Andrés (Aparte.) — (O fingís, sombras, la idea,
o he visto salir tres hombres.)
Llégome.

Julia   Señor, espera,
que tropecé.

Alejandro   Ven conmigo.

Julia ¿Adónde dices que espera
el coche?

Andrés (Aparte.)   (¿Qué es lo que escucho?)
la voz de mi Julia es ésta;
callar quiero.

Alejandro   ¿No andas?

Elena   Sí.

Julia Esposo, ¿dónde me llevas?

Andrés (Aparte.) (¿Esposo, dijo? ¿Qué es esto?)

Alejandro ¡Que llevo mi hermosa prenda!

Julia (Aparte.) (Seamos amigos, fortuna.)

Alejandro (Aparte.) (Fortuna para tu rueda.)

(Vanse por una puerta Alejandro con Elena, y por otra Andrés con Julia, asidas de las capas, con que se da fin a la segunda jornada.)

Fin de la segunda jornada

Jornada tercera

(Sale Elena con capa y sombrero, asida de la capa de Alejandro, como acaba en la segunda jornada.)

Alejandro ¿No me hablas, Julia mía?
Pues ya en tu luz quiere encenderse el día,
pues la sombra a mis ojos ha impedido,
deja que me aproveche del oído.

Elena (Aparte.) (Que soy Julia presume, callar quiero.)

Alejandro No muera a tu silencio, ya que muero,
o es que a tu labio tu dolor no acierta.

Elena (Aparte.) (No debe de saber que Julia es muerta.)

Alejandro O con mudos enojos
hablas con el idioma de los ojos.
No tu silencio por desconsolarme...

Elena (Aparte.) (No le he de dar el susto de escucharme.)

Alejandro Quiera hacerme este agravio;
permite el uso de la voz al labio,
no el silencio enemigo.

Elena (Aparte.) (¿Si habló con Julia cuándo hablo conmigo?)

Alejandro De mis verdades nunca satisfecho
te hiele las palabras en el pecho.
Si lloras, Julia, entre silencio tanto
enjuguen mis suspiros a tu llanto.

Elena (Aparte.) (¿Cómo será su pena?)
No le quiero decir que soy Elena.

Alejandro Móvil grande, que riges mi albedrío,
¿Cómo no hablas?

Julia (Dentro.) Alejandro mío.

Alejandro El eco con tu voz me ha lisonjeado,
¿cómo él te oyó, si yo no te he escuchado?
Pero sin duda quiere poco atento
regalarse mi oído con el viento.

Elena La voz de Julia mi temor despierta:
¿qué escucho, cielos?¿Yo no la vi muerta?
Huye, huye, sombra fría:
¡Oh si esta enigma descifrara el día!

Alejandro Habla, Julia hermosa.

Elena Oye.

Alejandro ¡Qué pena,
Julia!

Elena Julia no soy.
¿Pues quién?

Elena Elena.

Alejandro ¡Tú, Elena! ¿Cómo aquí? Tarde me templo.

Elena Junto a la puerta te esperé del templo
como el papel decía.

Alejandro El papel a mi Julia le escribía.
Pero ¿cómo tras mí desta manera?

Elena ¿No me dijiste tú que te siguiera?

Alejandro ¿Luego contigo hablaba?

Elena Conmigo, que a la puerta te esperaba.

Alejandro ¿Julia no me siguió?

Elena No te ha seguido.

Alejandro Julia por ti se fue.

Elena Tú la has perdido.

Alejandro Pues me amparaste y me vendiste ahora,
yo te conoceré, noche traidora;
mas ya que desta suerte
llegó el último plazo de mi muerte,
por que en decente sacrificio muera,
voy a buscarte, Julia mía.

(Vase. Sale Carlos y le detiene.)

Carlos Espera.

Alejandro Carlos, ¿cómo aquí has venido?

Carlos Como amigo diligente
desde ayer tarde te busco;
pero ya quiso mi suerte

que te halle.

Alejandro Sígueme ahora.

Carlos No puede ser.

Alejandro Pues ¿qué quieres?

Carlos Quiero que sepas, amigo...

Alejandro ¿Qué es?

Carlos Que Antonio Capelete
en este monte te busca;
y para darte la muerte
con sus deudos y parciales
(airados como impacientes),
no dejan rama en el monte
a quien la ira dispense
de su acero siempre airado;
gruta escondida silvestre
no quedó en esa montaña,
que el secreto no revele
de las sombras; alto risco
que examinar no se deje
del cuidado; estancia oscura
que el indicio no penetre.
Capitán de sus parciales,
en venganza suya, quiere
de nuestra corriente sangre
tanta reliquia sorberse.
Y como ayer me contaste
que prevenido en el puente
del Adige, undoso río,

un coche de posta tienes
para robarla a tu Julia,
por ver si hallarle pudiese
por el monte, a tanto riesgo
airado, como valiente
vengo a buscarte yo ahora;
por aquella senda puedes
salir hasta la ciudad,
donde prevenidos tienes
dos mil parciales que al orden
que tu ira y mi amor les diere,
harán que en venganza tuya
Verona y Venecia tiemblen.
La voz de Italia en el monte
a las peñas enternece;
pero reserva tu vida
para que vengarla intentes.
Ya de su padre en la ira
peligrará tarde, cree
que has de cobrarlos si hoy
con ira y valor prudentes
no das plazo a la venganza,
si la venganza apeteces.
Tu amigo soy, y a tu lado
siempre fino y leal siempre
has de hallar en paz y en guerra
un amor que te aconseje,
una espada que te ayude,
y un voto que te refrene,
porque muriendo a tu lado,
y en tu venganza, confieses
que me debes un amor
y que una vida me debes.

Alejandro ¿Cómo saben donde estoy?

Carlos Como tienen mucha gente
emboscada, y con Elena
te vieron bajar.

Alejandro ¿Y creen
que es Elena?

Carlos Eso imaginan;
si librar tu vida quieres,
huye por aquí.

Alejandro Bien dices;
por esa montaña verde
cuya hermosa rica cumbre
les ha servido de copete,
podremos ir a Verona;
seguidme los dos.

(Al entrarse sale Guardainfante y detiénelos.)

Guardainfante Detente,
que con fustibus et armis
el conde Paris valiente
anda a caza de Montescos
con cuatrocientos lebreles.
Repartidos él y Antonio
por dos partes diferentes,
no dejan copado roble
cuyo hueco no penetren
por ver si del roble cano
eres recatado huésped.
Y para que ahora sepas

de tu desdicha y tu suerte,
que por donde andan los males
suelen caminar los bienes,
sabrás que cuando me enviaste
a prevenir diligente
el coche de posta en que
con tu hermosa Julia huyeses,
con postas otro criado
estaba en el mismo puente,
esperando que llegase
con Julia Andrés Capelete.
Llegó Julia y llegó Andrés
y ella, fina como siempre,
le dijo: «Alejandro mío,
tuya soy»; cuando el aleve
de Andresillo la responde:
«Julia, aunque mover intentes
a los cielos con tus voces,
los cielos no han de valerte.
Andrés soy y no Alejandro;
si el freno de amor entiendes,
sube en este potro rucio
del Alcaide de los Vélez;
yo soy quien más te ha querido,
tú eres la que más me debes,
pues dame cuenta con pago,
pues que llegó el plazo y puedes.»
Procuró ablandarla a ruegos,
respondiole con desdenes:
ella dijo hache que hache,
Andresillo, erre que erre.
Él deste amor enfermizo,
ella de tu amor doliente,
como era casi de día

y amor en ayunas tienen
para cortar de una vez
cóleras de amor crueles,
Andrés lloró letuario
y Julia lloró aguardiente.
Violencia quiso Andresillo,
dijo ella: «Andresillo, tente».
Y él respondió: «Los Tarquinos
son chanza donde hay Andreses».
Pero yo que desde el coche
la veo resistirse fuerte,
y que aunque él sabe obligarla
ella sabe defenderse,
no acordándome que hay vida,
bien que temí que había muerte,
saco en el coche la espada,
calo el sombrero, enzaineme.
Echo una cortina más,
porque ninguno me viese;
arrójome, y como estaba
tan airado y tan valiente,
y ser valiente es ser cuerdo,
de muy valiente templeme.
Andaban Julia y Andrés
en sus dimes y diretes,
cuando hétele aquí a su padre,
y al conde Paris hetele,
dando voces uno y otro;
Andrés que los oye y siente
ardiendo en ira buscaba
entre lo rojo lo verde.
Fuese huyendo, y Julia entonces
huyendo hacia el monte fuese;
llegose al coche el tal Conde,

dijo: «¿Cuyo coche es éste?».
—De Alejandro —respondió
el cochero impertinente;
cascárenle treinta palos
repartidos en dos veces,
los diez por ser tu criado
y por cochero los veinte.
Escapé, viéronme huir,
díjome el conde Holofernes;
«Oíd, esperad, vinagre»;
y yo le respondí: «aceite».
Corrí, en fin, como yo suelo;
oí tu voz y llegueme;
ahora, Señor, te aviso,
que deste riesgo evidente
huyas, si no es que de celos
te vas a morir adrede.
Julia da en el monte voces,
y antes que a ayudarla llegues,
ha de encontrar a su padre,
no quieras tú que te encuentre.
Por dos diferentes partes
te cercan; huye, si puedes,
que más vale en este mundo
(si a ser buen cristiano atiendes)
un año solo de vida
que de buena fama veinte.
Ya nos...

Alejandro Calla, que aunque ahora
me obligues y me aconsejes
a que huya, a buscar a Julia,
pues el Sol luces me ofrece,
he de ir.

Carlos — Eso no es quererla;
porque si vengarte puedes
y cobrarla, ¿airado y ciego,
quieres perderla y perderte?

Guardainfante — Ven, que puede ser hallarla.

Elena — Mira, Señor, que te pierdes.

Guardainfante — Amigos hay convocados.

Carlos — Verona ayudarte quiere.

Elena — No te entres más en el riesgo.

Alejandro — Pues ya que mi estrella ordene
que os obedezca, tú, Carlos,
te adelanta, pues ver pueden
que vamos juntos; tú sigue
sus pasos secretamente;
tú cerca de mí podrás
ir delante.

Carlos — A obedecerte
como amigo me adelanto.

Elena — Y yo voy a obedecerte.

Guardainfante — Yo seguiré tus estampas.

Alejandro — ¡Qué leal!

Carlos — Tu amigo siempre.

Alejandro ¡Qué fino!

Guardainfante Soy buen criado.

Alejandro ¡Grande amor!

Elena Tú le mereces.

Carlos Déjeme el cielo ayudarte.

Guardainfante Servirte el cielo me deje.

Elena Deme mi estrella fortuna.

Alejandro ¡Astros para mí crueles,
o dadme vida con Julia,
o dadme sin ella muerte!

(Vanse. Sale Julia.)

Julia Escapeme de Andrés, perdí a mi esposo,
y mi padre le busca riguroso;
allí el conde Paris con más recelos,
Caudillo valeroso de sus celos,
alcanzarle procura,
y yo por la espesura
de aquellas ramas encubrirme espero.
¡Oh para cuándo el hado lisonjero
me guarda una fortuna!
O es que me muevo al orden de la Luna.
Plantas, que ahora logro su menguante,
huirme por aquí será importante,
pues que ya el cielo ordena...

Antonio (Dentro.) A Alejandro buscad.

Conde (Dentro.) Buscad a Elena.

Julia ¿Por dónde podré huir? ¡Cielos! ¿por dónde?
Allí mi padre, y a esta parte el Conde.
El uno a Elena, y otro al dueño mío
solicitan, y yo sin albedrío
sigo esta senda incierta:
mi padre y él presumen que soy muerta;
y si me hallan, morir será forzoso
con un padre indignado y sin esposo.
Ya no se oye su voz, pues sin recelo
por aquí voy a entrar.

(Al entrarse, sale Antonio, su padre.)

Antonio ¡Válgame el cielo!

(Espántase Antonio.)

Julia Topé a mi padre: ¡oh infeliz suerte!

Antonio Julia, seña divina de la muerte,
¿cómo a buscarme, a mi sombra mentida,
vienes con las verdades de la vida?
Aparente verdad...

Julia (Aparte.) (Él se ha turbado.)

Antonio Tú misma a ti la muerte te has buscado;
no tuve culpa yo, y decirle puedo...

Julia (Aparte.) (Yo quiero aprovecharme de su miedo;

y pues sombra me nombra,
huyendo parecer quiero mi sombra,
y será esta fortuna la primera
por aquí he de salir.)

(Al entrar sale el conde Paris.)

Conde — Elena, espera.
¡No es Elena, que es Julia, vive el cielo!

Julia (Aparte.) — (Di con el Conde. ¡Enigma soy de hielo!)

Antonio — Conde amigo.

Conde — Amigo Antonio,
decid cómo...

Antonio — ¡Estoy mortal!

Conde — ¿Vos con Julia?

Antonio — ¡Grave pena!

Conde — ¿En esta espesura estáis?

Antonio — No es Julia, aunque veis a Julia;
pues que vos sabéis...

Conde — Hablad.

Antonio — Que en la bóveda esta noche
los dos...

Conde — ¡Obstinado mal!

Antonio	La dejamos sepultada.
Julia (Aparte.)	(Fortuna, ¿en qué has de parar?)
Conde	Pues si no es Julia, decidme, ¿quién es?
Antonio	Un ente no más, que la vista, como fácil, ha podido fabricar con la ilusión de los ojos.
Conde	Lo que vos decís será; pero ¿vos no veis a Julia?
Antonio	Yo la miro.
Conde	¿Y no es verdad que yo la veo también?
Antonio	¿Vos decís que la miráis?
Conde	Pues mi vista como fácil bien pudiera flaquear, y de un ente de razón hacer un ente real: ¿pero dos vistas a un tiempo cómo de una cosa igual pueden hacer dos efectos distintos en un obrar? Dos las vemos: luego es Julia verdadera y no mental, porque la vista no puedes

como sentido eficaz,
engañar a dos a un tiempo
aunque a uno puede engañar.
si el sentido de la vista
suele tal vez peligrar,
usemos del tacto ahora,
que el tacto no faltará.
Y este sentido responda
aquella dificultad
del otro mejor sentido
pues lleguemos.

Antonio — Bien habláis.

Conde — Pues ¿a qué aguardo?

Antonio — ¿Qué espero?

Julia — ¡Antonio! ¡Conde! mirad
Que...

Conde — A aprovechar un sentido
amante quise llegar,
y vista, tacto y oído
he venido a aprovechar.

Antonio — ¿Cómo di, traidora hija,
cómo, ingrata a mi verdad,
en este monte perdida,
en esta montaña estás?
¿Quién aquí te ha conducido?
¿Quién, di, te pudo sacar
del sepulcro, donde fuiste
lástima y ejemplo ya?

Dime, pues, responde ¿cómo?

Julia — Dejadme, y no me aflijáis,
que yo no sé más de mí
de saber solo que hay
en esos cielos hermosos
castigo, pero hay piedad.

Antonio — ¿Cómo estás aquí?

Julia — No sé

Conde — Dime.

Julia — Después lo sabrás.

Conde — Yo no tengo que saber,
pues solo a fin de engañar
un deseo, fuiste tú
el que supo desleal
con un veneno mentido
su muerte disimular;
tú, por dársela a Alejandro,
por hacer con él la paz
(que ha días que tu cordura,
o tu temor deseará)
fingiste su muerte, y...

Antonio — Calla, no me digas más,
porque antes que a un vil Montesco
la mano llegase a dar,
a su corazón infame
diera otra vez el puñal;
no ha de ser otro que tú,

o el orden ha de faltar
del cielo, quien de sus rayos
la luz logre celestial,
o de su alevosa sangre...

Julia

Pues empieza a derramar
ya que una vez no pudiste
de mis venas el raudal,
yo amante como primero,
yo constante y firme más,
de Alejandro, de mi esposo
llama seré perspicaz
en que él se pruebe a encender
Y no se llegue a abrasar;
erró el veneno, y su efecto
fue de un letargo eficaz,
breve efímera de un sueño
que apenas cumplió la edad
de un día, y fue la primera
desdicha de cuantas han
introducídose a eternas
dentro de un alma inmortal,
que no se cuente por siglos,
sino por horas no más.
Vuelve, pues, menos piadoso
segunda vez a empuñar
tu cuchillo.

Antonio

Bien me dices.

Julia

O, pues mi pecho es imán
de mis yerros, y es tu acero
bruto y grosero metal,
yo le atraeré por efecto

para que los dos creáis
que es accidental mi muerte
siendo muerte natural.
Y ahora...

Antonio
Cierra los labios,
hija ingrata, porque ya

(Hace que la quiere dar.)

mi castigo a tu gran culpa
más plazos no quiere dar:
y así...

Conde
Detén el acero,
Antonio, que aunque es verdad
que no es de mi amor decente
Julia sujeto capaz,
con todo, porque la quiero,
la muerte no le has le dar;
ella a mí no me ha engañado,
yo no la puedo obligar
que borre del pecho suyo
lo que impreso en él está.
No sabe lo que es querer
el que intenta violentar
a quien ama a otro sujeto;
yo sí, que adoro, sé ya
cuan difícil será en mí
este carácter borrar.
Demás que si para propia
procuraba su deidad,
no fuera yo ser honrado,
si en tálamo conyugal

quisiera yo a quien yo sé
que quiere a otro amante más;
y aunque esto no padeciera
una gran dificultad,
¿quién logra mujer, sabiendo
que pretende otro galán?
No es amante aquel amante,
que atiende solo a lograr
igual lado, igual cariño,
noble fe y fineza igual.
El que quiere, cuando sabe
que le aborrecen, querrá
no para querer, que quiere
no más de para alcanzar.
Y así, cuando dos procuran
premio uno, otro lealtad,
el que quiere ser querido
es solo el que quiere más.
Pues si yo adoro a tu Julia
con fineza y con verdad,
y sé yo que me aborrece,
¿para qué me he de empeñar
en saber amarla bien,
si me ha de pagar tan mal?

Julia ¿Luego tú ya me aborreces?

Conde No, Julia; pero estoy tal,
que procuro aborrecerte
cruel has sido, y días hay.

Julia Pues yo soy tan desdichada,
que pienso que no podrás.

Antonio — Pues si tú la das la vida
y yo la procuro dar
la muerte que ya ha merecido,
oye este arbitrio, y verás
cómo sin darla la muerte
la doy muerte.

Conde — Acabad ya.

Antonio — En ese hermoso castillo
que en forma piramidal
con las nubes en el cielo
logra oscura vecindad,
que de nuestros Capeletes
defensa heroica será,
en prolijar prisión quiero,
y en profunda oscuridad
que aun de los rayos del día
no logre la luz solar.
No el alimento le falte,
muera al cuchillo fatal
de los días, de la muerte
de los años el afán.
Cuchillo es también el tiempo,
aunque afilado no está,
crean todos que ya es muerta;
yo fingiré que al entrar
en el castillo otra vez
la di muerte y tú serás
quien solo de este secreto
ha de saber la verdad.
Y así...

Conde — Cajas en el monte

ocupan la raridad
de los vientos.

Antonio Y a esta parte
por ese rubio arenal
descender un hombre veo.
Andrés es: llégate acá,
que aquí estamos.

Julia (Aparte.) (¡Oh traidor!)

Antonio Andrés.

Julia (Aparte.) (¡Cielos, qué será!)

(Sale Andrés.)

Andrés ¿Qué hacéis en esta montaña,
cuando toda la ciudad
en nuestra busca desciende?
Por caudillo y capitán
airado Alejandro baja
con dos mil hombres, que ya
de los enemigos nuestros
siguen la parcialidad.
Embistamos sus escuadras,
no aguardemos a lidiar
cuando sea el valor menos
por ser la ruina más.
Mirad que están ya muy cerca
de nuestra gente, y mirad
que para el triunfo o la muerte
el plazo llegó fatal.
Pues embistamos.

Conde — Bien dices.

Antonio — Primero intento guardar
a Julia en nuestro castillo.
Voy delante.

Andrés — Bien harás,
que Elena también en él
prisionera nuestra es ya.

Conde — Pues en ella, vive el cielo,
la venganza he de tomar.

Antonio — Ven conmigo.

Julia — ¡Qué infeliz!

Antonio — Fingiré que con crueldad
la doy muerte.

Julia (Aparte.) — (¡Ay, Alejandro,
quién te pudiera ayudar!)

Conde — Pues está cerca el castillo,
vuelve presto.

Julia (Aparte.) — (¡Estoy mortal!)

Antonio — Luego bajaré a ayudaros.

Conde — Pues, Andrés, id a juntar
vuestra gente.

Andrés Y vos la vuestra
podéis ir a acaudillar.

Conde De la espesura del monte
me aprovecharé.

Antonio Hoy verán
los Montescos el valor
que en nuestros alientos hay.

Andrés Muriendo Alejandro, espero
ser de Julia.

Conde Hoy morirá
Alejandro, y a mi Julia
gozaré en serena paz.

Andrés Pues ea, Conde, a embestir.

Conde Pues ea, Andrés, a lidiar.

Andrés Celos llevo, vencerelos.

Conde Es querido, él vencerá.

(Vanse. Salen Alejandro, Carlos y Guardainfante.)

Alejandro ¿Tomaste los puentes?

Carlos Sí;
ya con ducientos soldados
los puentes están tomados;
di, ¿qué intentas?

Alejandro ¡Ay de mí!

Carlos Témplate, y cordura ten.

Alejandro ¿Cómo templaré mi pena,
si tú perdiste a mi Elena,
y a Julia perdí también?
¿Cómo, di, se te perdió
mi hermana? ¡Ay desdicha mía!

Carlos Yo entendí que me seguía,
y en el monte se quedó.

Guardainfante Pues victoria te prometes,
oh valeroso caudillo.
Lleguemos a este castillo,
fuerza de los Capeletes,
donde estará aprisionada
tu Julia, si no está muerta,
y si está la puerta abierta
la puedes hacer cerrada.

Alejandro ¿Su castillo que podría
ofenderme?

Carlos Eso he pensado.

Guardainfante No hay que temer, que han bajado
al monte la artillería.
Ya llegamos, y ya estoy
resuelto a morir, sí, ahora.

Antonio (Dentro.) Desta manera, traidora,
has de morir.

Julia (Dentro.) Muerta soy.

Alejandro ¡Que nunca mi oído acierte
a escuchar por más veloz
entre tantas una voz
que no sea de la muerte!
Y esta que ahora escuché
no dejará de ser cierta.

Antonio (Dentro.) Capeletes, Julia es muerta,
yo soy quien la maté.
Muerta es, que mi suerte esquiva
la da la muerte que veis.

Alejandro Capeletes, ¿no diréis
cuándo Julia estuvo viva?
Mas si también ha logrado
su airado cuchillo fiero,
romper este muro quiero.

Guardainfante Señor, al arma han tocado.

Alejandro Un mal quieres influir,
astro; mas ¿cómo has de obrar
si nunca tienes lugar
para poderle seguir?

Carlos Acaba.

Alejandro ¡Qué infeliz soy!
Carlos sal a recibir
al Conde.

Carlos Voite a servir.

Alejandro ¿Y por dónde vas?

Carlos Ya voy
por esta parte.

Alejandro Pues arda
en incendios mi dolor.
Y tú ¿vienes?

(Vanse Carlos y Alejandro.)

Guardainfante Sí, Señor,
yo quedo en la retaguardia.
Ea, mi temor aliente,
a mi amo voy a ayudar;
vive Dios que he de probar
a qué sabe el ser valiente.
Ea, no hay que resistirlo,
ni hay tampoco que temer,
valentonazo he de ser,
que esto no es más de decirlo.
Pero de la torre infiero
que Antonio el viejo salió
con seis soldados, pues yo
ahora estrenarme quiero.
¿Por qué a todo Capelete
no embisto? Acometo, pues,
porque me llamen después
el Montesco matasiete.
Yo me arrojo; mas ve aquí
que con valor, con ahínco,
de los seis mato los cinco,

y el otro me mata a mí.
Dirá mi amo al instante:
—Cinco mató: ¡extraño brío!
dirá otro: «Señor mío,
no los mató Guardainfante».
—Pues ¿quién? —mi amo replicó.
—¿Quién, Señor? yo estoy muy cierto,
que después que estaba muerto,
otro llegó y los mató.
¡Oh guerrilla! tal por cual,
aquesto hay en ti también
yo he de morirme muy bien,
y lo han de contar muy mal.
No iré allá de buena gana
aunque el demonio me aburra.

Antonio (Dentro.) Traed preso a Carlos.

Guardainfante Zurra.

Antonio O dadle muerte.

Guardainfante Badana.
Esconderme he imaginado
en esta verde enramada,
porque hacer una emboscada
quiero, como gran soldado.

(Escóndese, y sale Antonio y otros soldados acuchillando a Carlos.)

Antonio Ríndete o has de morir,
Carlos.

Guardainfante Córtolos; ¿qué espero?

Carlos | Primero que no el acero,
la vida os he de rendir.

Antonio | Pues sea de esta manera.

(Abrázanse dél.)

Carlos | Asido me habéis.

Guardainfante | ¡Traición!
Mas yo saldré a la ocasión.

Soldados | Morirás, Carlos.

Antonio | No muera.

Carlos | Dejadme libre los brazos,
y así podréis ver los dos.

Guardainfante
(Aparte.) | (Si le prenden, voto a Dios,
que los he de hacer pedazos.)

(Salen el conde y Andrés.)

Conde | Antonio, ¿qué hacéis aquí?
Entrad en la torre presto.

Antonio | A Carlos, que es el amigo
de Alejandro, tengo preso.

Conde | Rompida ya nuestra gente,
por el margen viene huyendo
del Adige, undoso río:

los tiros de bronce nuestros
disparados por defensa,
hicieron tan poco efecto
que aun no dejaron en humo
las reliquias de su fuego.
Alejandro en nuestro alcance
por la arena va siguiendo
las estampas, que aun no quiso
el polvo encubrirnos ciego.
Ea, entremos en el castillo,
noble Antonio, y no aguardemos
a que él logrando un castigo
te disponga un escarmiento.

Antonio — Pues ea, Carlos, entrad
en nuestra torre.

Alejandro (Dentro.) — ¡Montescos,
al castillo!

Andrés — ¿A qué aguardamos?

Carlos — ¿Alejandro?

Antonio — Vive el cielo,
que haga otra vez, si le nombras,
que le nombres por el pecho.

Conde — Pues ea, a la torre, amigos,
que el tiempo nos dará el tiempo
para podernos vengar.

Antonio — Pues al castillo.

Andrés Eso apruebo.

Carlos ¿Amigo?

Antonio Cierra los labios.

Conde Retiradle, y entrad presto.

Carlos Venza mi amigo Alejandro,
y mas que yo muera luego.

(Vanse. Sale Alejandro, y Guardainfante de donde estaba.)

Alejandro ¡A ellos, que entran al castillo!

Guardainfante Ea, que se enjaulan; ¡a ellos!

Alejandro Ninguno llegue conmigo.

Guardainfante Tú sobras aquí; yo llego
a subir hasta la torre.

Alejandro Detente.

Guardainfante Estoy hecho un perro;
puesto que soy Guardainfante,
mi nombre pienso poneros;
porque sois unos maricas
tendréis buenas faldas presto.

Alejandro ¿Vístelos entrar?

Guardainfante Yo sí.

Alejandro ¿A quién?

Guardainfante Al Conde, y al viejo,
y a Andrés.

Alejandro ¿Y a Carlos has visto?

Guardainfante No le he visto.
(Aparte.) (Callar quiero,
porque puede echar de ver
que anduve como yo suelo.)

Alejandro ¿Cómo me podré vengar?

Guardainfante ¿Cómo, Señor? Pega fuego
a esta torre.

Alejandro Pues que ya
mi divina Julia ha muerto,
destos viles Capeletes
las cenizas lleve el viento.
Guardainfante, ¿aquesta torre
es grande?

Guardainfante Yo he entrado dentro,
y es tan pequeña, que en ella
no caben cien hombres.

Alejandro Di esto:
derribando las murallas,
podrán librarse del riesgo
de los peñascos que caen
hacia dentro?

Guardainfante — No, por cierto,
porque ellos la llaman torre, y es palomar.

Alejandro — Si yo puedo
derribar toda la torre,
¿podré vengarme?

Guardainfante — Sospecho
que no ha de escaparse nadie.

Alejandro — ¿La artillería no han puesto,
que estaba sobre la torre,
en las faldas de aquel cerro
por defensa?

Guardainfante — Así es verdad.

Alejandro — ¿Mi Julia no es muerta?

Guardainfante — Es cierto
mas ¿qué es lo que hacer intentas?

Alejandro — Con los mismos instrumentos
con que intentaron matarme
darles la muerte pretendo.
Ea, amigos, asestad
del bronce a metales hechos
esos tiros a la torre.
Ea, disparad.

Guardainfante — Me convengo.

Alejandro — Elena no ha parecido,
Carlos debe de ser muerto;

Julia falleció; pues mueran
todos.

(Disparan.)

Guardainfante Pólvora, y a ellos.

Alejandro Todo un lienzo han derribado.

Guardainfante ¡A la sábana, artillero!
¡Capeletes en tortilla!
¡Gran comida!

(Sale Antonio en lo alto.)

Antonio Llamar quiero
a Alejandro desde el muro.

Alejandro Señal de la torre han hecho.

Guardainfante Un hombre salió, es verdad.

Alejandro No disparéis.

Guardainfante Lo que entiendo
es, que con la mucha lumbre
habrá saltado aquel huevo.

Antonio ¿Alejandro?

Alejandro ¿Quién me llama?

Antonio Antonio soy, y el que vengo
a que oigas compadecido

lo que escuchares atento.

Alejandro
Tarde a mi piedad apelas;
¿qué quieres?

Antonio
Pedirte quiero,
que pues yo he sido la causa
de tu venganza, supuesto
que aticé segunda vez
aquellos carbones muertos
que no los quiso encender
el soplo fácil del viento,
que a mí solo des la muerte
te pido, pues soy el mesmo
que ha irritado a los demás,
yo soy el que la merezco.
Si el escarmiento procuras
oye el mísero lamento
de los que en este castillo,
en mal repetidos ecos
te piden todos.

(Dentro)
¡Piedad,
noble Alejandro Romeo!

Alejandro
Quien corta al árbol las ramas
y deja el árbol entero,
es darle más fortaleza
para que florezca luego;
tú eres una inútil rama,
los demás hacen el cuerpo;
pues para que no florezca
en obstinados renuevos,
mi brazo arranque las ramas

y siegue el árbol mi acero.

Antonio	Ellos contra ti no tienen indignación.
Alejandro	A buen tiempo
Antonio	Si los vieras...
Alejandro	Esa es la hipocresía del fuego. La nieve encumbre en la cumbre el Etna y el Mongibelo. Y Etna y Mongibelo sé que aguardan el fuego dentro.
Antonio	¿Que no hay piedad?
Alejandro	No la aguardes.
Antonio	Mira.
Alejandro	No escucho tu ruego.
Antonio	Que Julia...
Alejandro	No oigo tu voz.
Antonio	Está...
Alejandro (Disparan.)	Escucharte no quiero. Disparad.
Antonio	¡Ay infeliz!

Ya te dejo.

Alejandro — Dale fuego.

Guardainfante — Tomen tortas mis señoras
doña Lucía.

Alejandro — Hoy vengo
una sinrazón que al alma
vuestra indignación me ha hecho.

(Sale el conde en lo alto.)

Guardainfante — Otro moro anda en el muro.

Conde — ¡Ha del monte!

Alejandro — Deteneos.
¿Quién eres?

Conde — El conde Paris.
¿Eres Alejandro?

Alejandro — El mesmo

Conde — ¿No sabes que soy esposo
de Elena?

Alejandro — Tarde lo siento.

Conde — ¿Sabes que un tiempo la quise?

Alejandro — Sí lo sé.

Conde ¿Y que la aborrezco?

Alejandro Mucho me preguntas, Conde.

Guardainfante Los más condes tienen eso.

Alejandro Sé que la muerte la has dado.
Y yo te la doy por eso.

Conde Viva es Elena, Alejandro;
y si ahora no te muevo
con tu misma sangre, tarde
hallarte piadoso espero
Viva es Elena, tu hermana,
y así ahora...

Alejandro No lo creo.

(Sale Elena en lo alto.)

Elena Pues Elena a tus piedades
ha de llegar con los ruegos
de la sangre, y del amor
quc lo tienes llegue presto.

Alejandro Muy tarde llegas, Elena.

Elena ¿Cómo tu crueldad no templo?
Ya el Conde admite mis brazos,
perdónale.

Alejandro Están violentos.
Si ahora al Conde y a ti
os dejo la vida, temo

que mañana, o bien a su odio,
a su desdén o despego,
que son puñales del alma,
has de morir; pues si es cierto
que después te ha de dar muerte
su mismo aborrecimiento,
y no has de lograr mañana
la vida que darte puedo,
dando muerte a los dos juntos,
una venganza aprovecho,
y a ti te estorbo que mueras,
más piadoso que sangriento,
al embotado cuchillo
de su olvido o su desprecio.

Elena — ¿Pues para darme la muerte
me pones un argumento?
Sofística está tu ira.

Guardainfante — ¿Hay más de decirle nego?

Elena — Tu hermana soy.

Guardainfante — Las hermanas
nunca han sido de provecho.

Alejandro — Ea, disparad, mueran todos.

Elena — ¡Grande crueldad!

Guardainfante — Volaverunt.

(Sale Carlos en lo alto.)

Carlos
¿Alejandro?

Alejandro
¿Quién llama?

Guardainfante
Otro demonio tenemos.

Alejandro
¿Tú estás preso, amigo Carlos?

Carlos
Sí, amigo, por ti estoy preso.

Alejandro
¿Pues qué intentas?

Carlos
A pedirte
que me des la vida vengo.

Alejandro
Tu voz, vive el cielo, Carlos,
me está penetrando el pecho.
¿Julia murió?

Carlos
Julia es muerta.
Pero di, ¿qué culpa tengo
para que tú en mí te vengues,
si yo no soy quien la ha muerto?

Alejandro
¿Y he de perdonar a cuantos
me ofenden?

Carlos
Deso me alegro,
porque vean que tú eres
mi amigo tan verdadero,
que porque no muera yo
quieres que no mueran ellos.

Alejandro
¿Tú por mi no has arriesgado

tu vida?

Carlos — Sí, a todo riesgo
de tu amor y de tu ira
me hallaste siempre dispuesto.

Alejandro — ¿Pues cómo hoy morir recelas?

Carlos — Es, que allí pude venciendo
vivir; pero si te vengas
desta manera, no puedo.

Alejandro — ¿Y he de quedarme sin Julia
porque tú vivas? ¿di esto?

Carlos — Y di, porque muera yo
¿vive Julia?

Alejandro — No por cierto.
Perdonar mucho, es hacer
al poder un menosprecio.

Carlos — Y castigar mucho, es
manchar el poder.

Alejandro — ¡Qué cuerdo
estás, como tú no tienes
mi amor y mi sentimiento!

Carlos — Como tú no has de morir
estás también muy discreto.

Alejandro — Yo he de vengarme, perdona.

Carlos ¿Y te vengarás con esto?

Alejandro El perdón, hijo bastardo
es del valor y el esfuerzo.

Carlos Y también es el castigo
hijo natural del miedo.

Alejandro Quien se venga no es cobarde.

Carlos Lo parece por lo menos.

Alejandro Pues yo he de vengarme en todos.

Carlos Y eso parece temerlos.

Alejandro Yo con perder un amigo
dos mil enemigos pierdo.

Carlos No sabes tú lo que pierdes
en un amigo, si es bueno,
pero, en fin, ¿quieres que muera?

Alejandro Carlos, yo no lo deseo,
pero yo me he de vengar.

Carlos ¿Di qué te incita?

Alejandro Mis celos.

Carlos ¿Y mi ruego?

Alejandro Me lastima,
mas no me templa tu ruego.

Elena ¿Tu sangre no te ha obligado?

Alejandro No hierve, aunque está sin fuego.

Antonio ¿Ni mis canas te lastiman?

Alejandro Me dan ira, y no respeto.

Conde Templado está ya mi odio.

Alejandro No llega tu enmienda a tiempo.

Andrés ¿Ni una vida no me pagas?

Alejandro A esa muerte te la ferio.

Carlos ¿Ni un amigo no te obliga?

Alejandro Ni de un amigo me templo.

Antonio Pues si es para que yo viva
éste el último remedio...

Conde Pues si ha de llegar mi muerte
después del último esfuerzo...

Antonio Yo he de vivir, aunque tú
quieras que el plomo en estruendos
arruine tanto edificio.

Conde Viviré, aunque tú sangriento
darme muerte solicites.

Alejandro Cómo, si yo soy el dueño
del castigo, disparad,
mueran todos, pues que muero.

Antonio Pues disparad, que esta es Julia;

(Saca a Julia.)

móvil de tus pensamientos.

Alejandro No disparéis, aguardad.

Julia Alejandro.

Alejandro Deteneos.

Julia Mira que soy yo.

Alejandro Mi Julia,
¡qué! ¿estás viva?

Julia Quiere el cielo
que sea tuya.

Alejandro Di, ¿qué intentas?

Antonio Habla, Julia.

Julia Lo que intento
es que a todos los perdones.

Alejandro ¿Tú lo pides?

Julia Yo lo ruego.

Alejandro — Pues vivan los Capeletes,
y Julia viva con ellos,
que yo a una hermana, a un amigo,
indignado y desatento,
pude negar mis piedades,
pero a mi dama no puedo;
¿dasme a Julia por esposa,
Antonio?

Antonio — Yo lo consiento.

Alejandro — ¿Tú admites a Elena?

Conde — Sí.

Alejandro — Quedaron en nuestros pechos
de lealtad y obligación,
vínculos de amor estrechos.

Antonio — Soy tu padre.

Conde — Soy tu amigo.

Carlos — Yo como siempre he de serlo.

Alejandro — Pues tengan dichoso fin
Capeletes y Montescos.
Y don Francisco de Rojas,
a tan grande coliseo
pide el vítor, porque siempre
merezca el aplauso vuestro.

Fin

Libros a la carta

A la carta es un servicio especializado para
empresas,
librerías,
bibliotecas,
editoriales
y centros de enseñanza;
y permite confeccionar libros que, por su formato y concepción, sirven a los propósitos más específicos de estas instituciones.

Las empresas nos encargan ediciones personalizadas para marketing editorial o para regalos institucionales. Y los interesados solicitan, a título personal, ediciones antiguas, o no disponibles en el mercado; y las acompañan con notas y comentarios críticos.

Las ediciones tienen como apoyo un libro de estilo con todo tipo de referencias sobre los criterios de tratamiento tipográfico aplicados a nuestros libros que puede ser consultado en Linkgua-ediciones.com.

Linkgua edita por encargo diferentes versiones de una misma obra con distintos tratamientos ortotipográficos (actualizaciones de carácter divulgativo de un clásico, o versiones estrictamente fieles a la edición original de referencia).

Este servicio de ediciones a la carta le permitirá, si usted se dedica a la enseñanza, tener una forma de hacer pública su interpretación de un texto y, sobre una versión digitalizada «base», usted podrá introducir interpretaciones del texto fuente. Es un tópico que los profesores denuncien en clase los desmanes de una edición, o vayan comentando errores de interpretación de un texto y esta es una solución útil a esa necesidad del mundo académico.

Asimismo publicamos de manera sistemática, en un mismo catálogo, tesis doctorales y actas de congresos académicos, que son distribuidas a través de nuestra Web.

El servicio de «Libros a la carta» funciona de dos formas.

1. Tenemos un fondo de libros digitalizados que usted puede personalizar en tiradas de al menos cinco ejemplares. Estas personalizaciones pueden ser de todo tipo: añadir notas de clase para uso de un grupo de estudiantes, introducir logos corporativos para uso con fines de marketing empresarial, etc. etc.

2. Buscamos libros descatalogados de otras editoriales y los reeditamos en tiradas cortas a petición de un cliente.

Made in the USA
Monee, IL
13 September 2026

62988806R00094